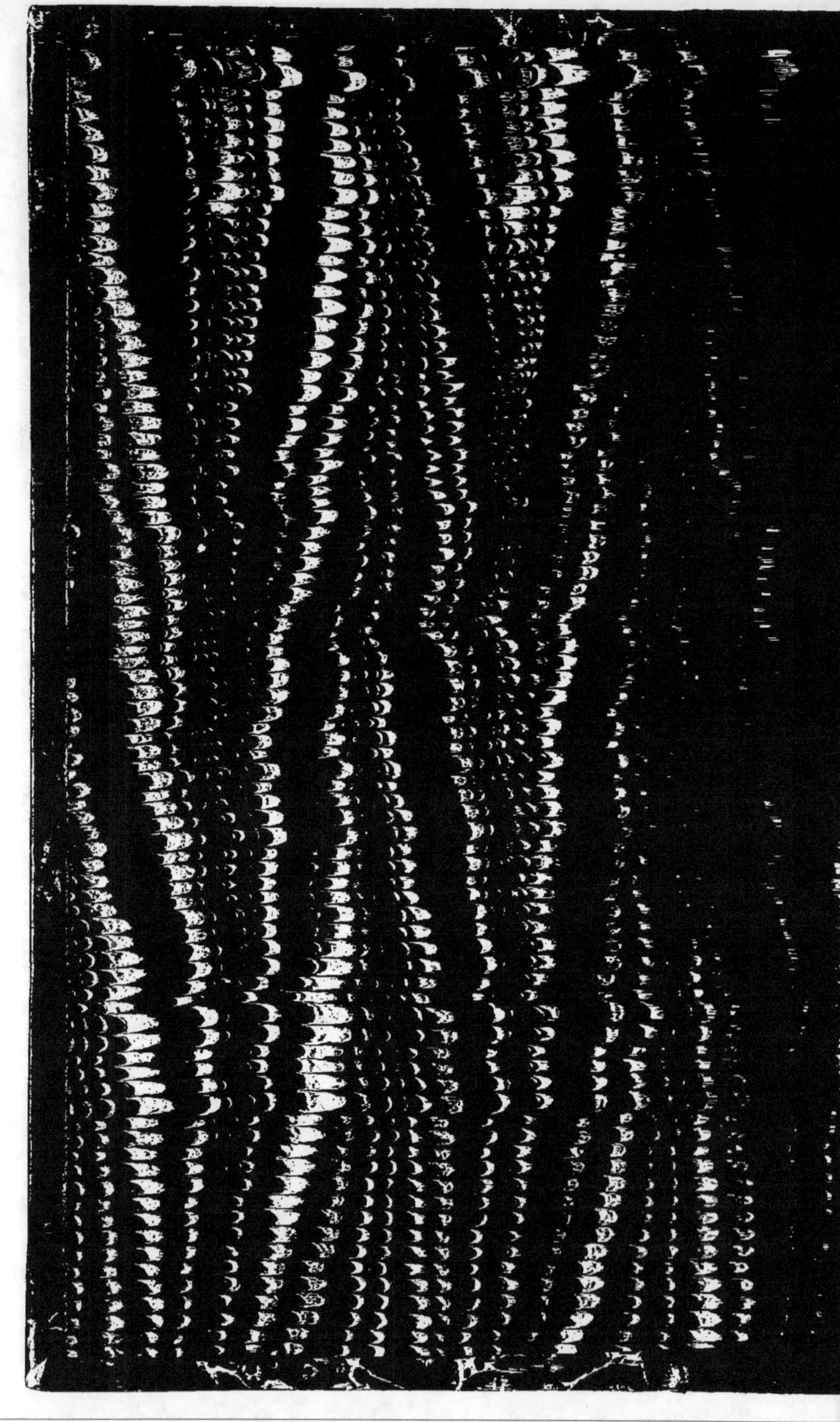

ANNALES DE LA SAINTETÉ AU XIXᵉ SIÈCLE
HONORÉES D'UN BREF LAUDATIF DE S. S. LE PAPE PIE IX

LE TOMBEAU GLORIEUX

DU SERVITEUR DE DIEU

JEAN-MARIE-BAPTISTE VIANNEY

CURÉ D'ARS

Par l'Abbé J.-H. OLIVIER

DOCTEUR EN THÉOLOGIE

« C'est pourquoi Nous jugeons digne de toute recommandation votre dessein de publier les Vies des Serviteurs de Dieu qui ont fleuri dans notre siècle. »

Bref de S. S. PIE IX aux Rédacteurs Fondateurs des *Annales*.

PARIS

AU BUREAU DES *ANNALES DE LA SAINTETÉ*

CHEZ WATTELIER, 19, RUE DE SÈVRES

1872

LE TOMBEAU GLORIEUX

DU SERVITEUR DE DIEU

JEAN-MARIE-BAPTISTE VIANNEY

CURÉ D'ARS

PROTESTATION

« Les titres de Saints, de Bienheureux, et même de Vénérables, que nous emploierons souvent dans les pages des *Annales*, ne sont autre chose que l'expression de notre estime et de nos sentiments de vénération à l'égard des Serviteurs et Servantes de Dieu dont nous écrivons la Biographie. Selon les prescriptions du Droit en ces matières, nous n'avons nullement l'intention de prévenir le jugement définitif à leur égard du Saint-Siége Apostolique.

Nous déclarons que, pour les faits merveilleux non encore approuvés et sanctionnés par l'autorité de la sacrée Congrégation des Rites et de Sa Sainteté le Souverain Pontife, nos pieux lecteurs ne doivent qu'une créance purement humaine en rapport avec la valeur et l'authenticité des documents et les témoignages que nous apportons à l'appui pour en garantir la vérité.

Fils respectueux et soumis de la sainte Église, nous voulons en toutes choses et toujours nous conformer aux prescriptions publiées par l'autorité du Pape Urbain VIII, en particulier dans les années 1625, 1631 et 1634.

Imprimerie L. Toinon et Cᵉ, à Saint-Germain.

ANNALES DE LA SAINTETÉ AU XIX⁰ SIÈCLE

HONORÉES D'UN BREF LAUDATIF DE S. S. LE PAPE PIE IX

LE TOMBEAU GLORIEUX

DU SERVITEUR DE DIEU

JEAN-MARIE-BAPTISTE VIANNEY

CURÉ D'ARS

Par l'Abbé J.-H. OLIVIER

DOCTEUR EN THÉOLOGIE

« C'est pourquoi Nous jugeons digne de toute recommandation votre dessein de publier les Vies des Serviteurs de Dieu qui ont fleuri dans notre siècle. »

Bref de S. S. PIE IX aux Rédacteurs-Fondateurs des *Annales.*

PARIS

AU BUREAU DES *ANNALES DE LA SAINTETÉ*

CHEZ WATTELIER, 19, RUE DE SÈVRES

1872

PRÉFACE

—

Les Saints ont l'immortel privilége de participer à la vie de Dieu; ils se survivent à eux-mêmes et après la mort ils sont mille fois plus puissants en œuvres qu'ils ne l'avaient été pendant qu'ils vivaient ici-bas. Le tombeau n'est pas pour eux la fin de leur carrière, leur action vivifiante continue en faveur des hommes avec un éclat d'autant plus grand qu'ils n'ont plus à redouter la vaine gloire.

La grandeur humaine n'a rien qui ressemble à celle des Saints; le caractère propre de ceux qui ont acquis la sainteté, c'est de pouvoir accomplir après le trépas des œuvres merveilleuses : par là, ils prouvent aux yeux de tous que Dieu s'est plu de les mettre en possession de son bonheur éternel. L'Église ne se trompe pas; elle sait à quels titres les Élus de Dieu doivent se révéler à la foule qui accourt invoquer leur secours et implorer leur intercession.

Le vénéré Curé d'Ars avait paru au milieu de nous

avec tous les titres qui désignent les Saints ; l'intervention divine était si éclatante dans le concours prodigieux qui attirait auprès de lui la multitude des pèlerins, qu'il aurait fallu être aveugle pour ne pas s'écrier : *le doigt de Dieu est là*. Après avoir recherché les témoignages de sainteté qu'il avait donnés pendant sa vie, il convenait en même temps de constater ceux qu'il ne cesse d'offrir lorsqu'il est entré dans le repos de la tombe.

Toute la raison d'être de l'ouvrage : LE TOMBEAU GLORIEUX DU SERVITEUR DE DIEU, JEAN-BAPTISTE-MARIE VIANNEY, se résume dès lors à démontrer que le vénéré Curé d'Ars a survécu à lui-même, et que, dans le sein de la mort, il vivifie les œuvres qu'il a fondées, aimées ou bénies de son vivant, qu'il opère les mêmes œuvres extraordinaires, en un mot, qu'il n'a point cessé d'être le Saint dont nous avons admiré la vie et les actions, pendant que nous allions en pèlerins chercher auprès de lui la réconciliation, la lumière, et les secours surnaturels de toute sorte.

Le vénéré Curé d'Ars, en s'endormant de la mort des justes, n'a pas disparu de ce lieu de bénédiction où il a opéré tant de merveilles de la grâce ; les pèlerins accourent sur son tombeau avec le même empressement qu'ils venaient à lui. Il y a dans tous les esprits la conviction la plus profonde que son pouvoir, non-seulement n'est pas diminué, mais qu'il est plus grand et plus parfait. Pendant sa vie le vénéré Serviteur de Dieu était obligé de dérober aux yeux des hommes les dons dont l'Esprit-Saint l'avait orné ; il a même su si bien faire qu'il a caché un grand nombre de choses dont le secret n'est pas encore révélé. Mais dans notre conviction profonde, Dieu se plaira à faire connaître toutes ses admirables actions, à l'heure opportune, pour la glorification de son Élu de prédilection.

L'affluence de la foule, où la vertu de Dieu se révèle avec tant de clarté, continue. De même, l'Esprit-Saint se plaît à multiplier les prodiges et les faits miraculeux, tantôt par l'intercession de sainte Philomène, tantôt par celle du vénéré Curé d'Ars, afin d'accroître la confiance des pèlerins.

Dans les temps où nous vivons l'association est devenue la force des sociétés; c'est par elle que toutes les grandes choses dignes d'admiration de notre siècle ont pu être accomplies. Or Dieu veut nous apprendre que l'association peut avoir lieu, non-seulement en vue des intérêts de la terre, mais aussi pour les œuvres spirituelles et célestes. L'union que l'Esprit-Saint a créée entre sainte Philomène et le vénéré Curé d'Ars, est à ce titre une leçon et un enseignement que nous devons mettre à profit. L'Église verra l'heure de son triomphe, lorsque nous saurons nous associer aux Saints du Ciel pour faire l'œuvre de Dieu ici-bas ; mais ce n'est pas ici l'occasion de développer comme il convient cette vérité destinée à sauver le monde.

Il a été déjà publié divers ouvrages en l'honneur du saint Curé d'Ars ; celui-ci a pour but de faire connaître bien des faits ignorés et qui sont néanmoins d'une grande édification. Notre but principal a été de montrer comment le grand Serviteur de Dieu continuait les œuvres qui étaient nées sous le souffle de son inspiration, celles qu'il avait vivifiées par ses conseils et son inspiration, et celles enfin qu'il avait rendues siennes en les adoptant et en les bénissant.

Mais en écrivant plus de dix ans après que le Serviteur de Dieu est mort, c'était pour nous surtout un devoir de prouver que son tombeau est glorieux par les miracles qui ne cessent de s'y opérer; nous nous sommes dès lors appliqués avec soin à atteindre ce but.

Tous les Saints ont un caractère spécial qui les distingue, et c'est par là qu'ils présentent un type divers de la sainteté. Le vénéré Curé d'Ars a eu en propre le don de convertir les pécheurs, mais avec cette circonstance que ce n'était point lui qui courait après les brebis égarées. C'était les membres du troupeau qui venaient se presser autour de lui pour être réconciliés. Le grand caractère du Serviteur de Dieu a été d'être l'Apôtre vers lequel la multitude n'a cessé d'affluer; et c'est là à nos yeux le plus étonnant et le plus admirable des miracles qui ont été opérés par l'Esprit-Saint, par la médiation et à la gloire du nouvel Apôtre.

Les lecteurs de nos jours désirent des livres qui offrent de l'attrait; il nous semble que les récits de cet ouvrage, quoique renfermant un fonds pieux et édifiant, ne sont pas sans quelque charme. Tout ce que nous racontons n'est pas une invention de notre esprit, ce sont des faits dont nous pouvons certifier la parfaite authenticité; les personnes elles-mêmes nous ont raconté toutes les faveurs que nous faisons connaître, ou du moins elles les savent d'une manière sûre.

Les documents de cet ouvrage sont au-dessus de toute

liscussion et nul ne saurait être admis à les révoquer en
loute. Nous n'avons pas écrit une seule ligne dont nous
ie puissions être garants, parce que nous avions entre nos
nains les pièces authentiques du récit, ou nous en avions
entendu les témoins irrécusables. Les pieux missionnaires
l'Ars ont daigné aussi nous confier soit les correspon-
lances particulières qui nous étaient nécessaires, soit le
egistre des faits merveilleux qui ont lieu au tombeau du
vénéré Curé d'Ars.

Il ne nous reste plus qu'à ajouter : Prenez, lisez et
loyez édifiés par tous ces récits de faits merveilleux, d'œuvres où la main de Dieu se révèle à découvert. Le grand
Serviteur de Dieu dont nous avons voulu glorifier le tombeau vous bénira dans votre pieuse lecture, et vous obtien-
lrez ainsi une double grâce. Mais qu'il nous soit permis
le dire ici que toute la gloire de celui qui a été un nouvel
Apôtre est encore bien loin d'être connue ; elle se révélera
le jour en jour, et ce tombeau glorieux deviendra, nous
en avons la conviction, un centre d'institutions vivifiantes
jui seront l'honneur éclatant du xixe siècle.

LE TOMBEAU GLORIEUX

DU SERVITEUR DE DIEU

JEAN-MARIE-BAPTISTE VIANNEY

CURÉ D'ARS

CHAPITRE PREMIER

Avoir le bonheur de connaître un Saint est une grâce signalée du Ciel. — A l'apparition d'un grand Serviteur de Dieu les populations s'ébranlent et accourent de toutes parts ; — raisons de cet élan religieux. — L'enthousiasme des fidèles à la vue des Saints est une chose très-légitime. — Pèlerinage d'un jeune homme de quinze ans auprès du vénéré Curé d'Ars. — Faits d'intuition surnaturelle du Serviteur de Dieu ; la guérison de deux aveugles.

Parmi les grâces les plus signalées dont nous sentons le besoin de remercier sans cesse l'Auteur de tout don parfait, nous plaçons, sans hésiter, au premier rang, celle d'avoir pu connaître, et nous pouvons dire d'avoir été à même d'étudier, pendant qu'il vivait encore, le Serviteur de Dieu, Jean-Marie-Baptiste Vianney, le saint et si vénérable Curé d'Ars.

Cette figure, à la fois austère et douce, est constamment devant nos yeux ; il nous semble toujours voir cet œil serein et pénétrant, ce large front sur lequel rayonnait la splendeur de l'une des âmes les plus pures et les plus angéliques qui aient jamais brillé ici-bas, ce corps frêle que le travail d'une mortification terrible avait comme spiritualisé, et, en quelque sorte, rendu aérien.

Nous entendons encore cette voix affaiblie par la pénitence, et cependant si puissante sur les âmes; ces cris étranges qui s'échappaient de ces lèvres brûlantes, et allaient porter, jusque dans la partie la plus intime du cœur, l'horreur du péché ou y raviver la flamme de l'amour de Dieu. Nous conservons précieusement au fond de notre âme ces expressions ineffables de dédain et de mépris pour tout ce qui est terrestre, et ces transports d'un enthousiasme qui ne se lassait jamais, quand le bon Saint parlait du prix de la grâce, des joies incomparables de la vertu, de la félicité inénarrable du Ciel.

Tous ces précieux souvenirs, et d'autres encore que nous pourrions rappeler, sont profondément gravés dans notre mémoire; ils nous servent de consolation et d'appui au jour de l'épreuve.

Merveilleux spectacle que la vue d'un Saint! C'est une douce vision du Ciel dans le lieu de l'exil et de la douleur, une fraîche oasis au milieu du désert de la vie. Sa présence nous transporte, à notre insu, dans le monde de la vérité, en nous faisant oublier, au moins un moment, cette terre des illusions et des ombres, où nous sommes attachés par la condition de l'humanité déchue, comme le forçat au lieu qui lui sert de prison et de supplice.

Est-il étonnant qu'à l'apparition d'un de ces êtres privilégiés, les foules s'ébranlent et se hâtent, de tous les points du globe, pour aller contempler cette merveille?... L'homme, malgré ses égarements et ses faiblesses, sent bien qu'il n'est pas fait pour la terre, et la présence d'un Saint devient, pour lui, une révélation de ce monde surnaturel vers lequel l'emporte un instinct secret et sublime.

L'incrédule le plus entêté dans ses systèmes se sent fortement ébranlé quand il est placé en face d'un Saint, et il n'est pas rare de le voir, pour ainsi dire malgré lui, s'incliner et fléchir le genou devant la puissance cachée que la sainteté exerce sur ceux qui l'approchent. S'il veut résister, il n'a d'autre parti à prendre que celui de fermer les yeux et de nier l'évidence; c'est quelquefois à cet aveuglement volontaire qu'il a l'étrange courage de se condamner. Résolution terrible! symptôme à peu près certain de réprobation éternelle! car c'est là le péché contre le Saint-Esprit dont il est parlé dans l'Évangile, et qui n'est remis ni en ce monde, ni en l'autre.

Le chrétien fidèle n'imite point une conduite si insensée; il est né dans la lumière, dit saint Jean, et rien ne lui inspire autant d'horreur que les ténèbres de l'incrédulité. Aussi il aime les Saints, il les aime jusqu'à l'enthousiasme, jusqu'à une louable passion. Et pourquoi n'en serait-il pas ainsi? Il n'y a rien de plus naturel que de voir un artiste demeurer immobile d'admiration devant un chef-d'œuvre de l'art. On permet, par exemple, à un peintre, à un sculpteur de s'extasier en présence de la Transfiguration, de Raphaël, ou du Moïse, de Michel-

Ange, et on nous refuserait, à nous, chrétiens, le droit de nous livrer à tous les transports de notre cœur au spectacle d'une sainteté éminente, au souvenir des merveilles qui ont marqué les pas d'un illustre Serviteur de Dieu ?

Tout chrétien est un artiste en vertu. Quand il rencontre un Saint, il se trouve en face d'un type, d'un modèle qu'il est appelé à reproduire. Si ce modèle est parfait, s'il élève la pensée de celui qui le contemple jusqu'à l'idéal de ce qu'il doit accomplir lui-même, pourquoi ne pas respecter le bonheur qu'il ressent, la joie qu'il témoigne ? Est-ce d'ailleurs que la beauté divine n'éclate pas davantage dans l'harmonie des mille vertus nécessaires pour constituer un Saint, que dans la combinaison savante des couleurs qui fait un chef-d'œuvre de peinture ? Le génie de Michel-Ange, qui transforme et anime, en quelque sorte, un bloc de marbre, à l'aide du marteau et du ciseau, n'est pas plus admirable que le génie du Saint qui, méditant sans cesse les perfections divines, les grave dans son âme, et jusque dans son corps, à force de patience, de prières et de victoires crucifiantes remportées sur lui-même. Il faudrait être bien aveugle pour ne pas comprendre que cette beauté des Saints, qui est pour ainsi dire un reflet de Dieu lui-même, s'élève au-dessus de toute beauté terrestre, plus encore que le ciel au-dessus de la terre. Toutes les œuvres d'art, quelque parfaites qu'elles puissent être, périront un jour avec ce monde qui passe ; les œuvres de la sainteté resteront, parce que seules elles sont solides et dignes de Dieu.

La sainteté est une merveille ravissante; quand on l'a une fois goûtée, on trouve je ne sais quoi d'insipide au fond de toutes les choses humaines. Pour nous, nous avons consacré notre vie entière à l'étude des Saints : si quelqu'un doutait des délices secrètes que nous y trouvons, nous nous contenterions de lui dire : « Venez et voyez ! » L'expérience seule peut révéler les douceurs cachées qui se trouvent dans cette manne, hélas ! trop peu connue.

C'est cet attrait incomparable de la sainteté qui nous a déterminé à quitter la Ville éternelle, où, depuis plusieurs années, nous avions dressé notre tente de pèlerin, afin de revenir dans ce village d'Ars, autrefois inconnu et humble, aujourd'hui jouissant d'une célébrité qui grandit de jour en jour. Il nous tardait de revoir ces lieux bénis où nous avions ressenti autrefois de douces émotions, de nous agenouiller sur la tombe glorieuse du Serviteur de Dieu, qui avait bien voulu, de son vivant, être notre père, et qui continue, du haut du Ciel, nous n'en doutons pas, à tendre une main secourable à notre faiblesse.

Nous avons d'autant moins hésité à nous procurer ce bonheur, que nous y étions invité par les affectueuses instances de M. l'abbé Toccanier, aujourd'hui curé d'Ars, notre ami dévoué. Ce digne prêtre a été choisi par le Saint lui-même pour être, en quelque sorte, l'exécuteur testamentaire des grandes œuvres qu'il devait léguer à la postérité. Nous aurons occasion de voir combien il a su remplir dignement ce sublime mandat. Nous avions l'espérance de goûter, durant ce pèlerinage, de douces consolations ; nous devons à la vérité de dire que ce que nous avons vu et senti a dépassé de beaucoup toute notre attente. Dès que notre projet de voyage a été définitivement arrêté, il a semblé que la divine Providence souriait au sentiment qui l'inspirait ; partout où nous passions, il nous était donné de recueillir des récits touchants sur le saint Curé dont nous allions vénérer la tombe.

Un de ceux à qui je fis part de ma prochaine excursion en France, fut M. J.-B. Génétier [1]. Chrétien sincère, M. Génétier est un de ces hommes au cœur généreux et aux sentiments élevés, qui cherchent dans les régions de la foi le mobile de leurs œuvres.

La nouvelle de mon prochain pèlerinage remplit de joie cet homme de bien, et n'écoutant que l'inspiration de son cœur, il me dit : « Puisque vous avez la consolation de faire un saint voyage, faites au moins qu'il ne soit pas stérile pour notre édification. Vous vous êtes voué à l'apostolat de la plume, n'oubliez pas de l'exercer. Il reste tant de choses inédites dans la vie du saint Curé qu'il y aurait de quoi en composer plus de volumes qu'on n'en a écrit. Vous en apprendrez, sans doute ; il ne faudra pas négliger de nous les faire connaître. Pour moi, je pourrais vous raconter quelque chose sur cet homme merveilleux ; je l'ai aimé avant de le connaître.

J'étais encore bien jeune, dit-il, lorsque j'entendis

---

1. Nous aurons soin, autant que possible, de citer le nom des personnes de qui nous tenons ces récits, afin que le lecteur puisse, s'il le veut, en contrôler la vérité.

Nous avons dû souvent faire une douce violence à la modestie de ceux qui nous confiaient ces documents, mais l'authenticité ne pourra pas du moins en être révoquée en doute.

parler de lui comme d'un grand Serviteur de Dieu, un véritable Saint ; je conçus dès lors un vif désir de le voir et de m'entretenir avec lui. « Un Saint, me disais-je, comme il doit parler du bon Dieu ! Si je pouvais arriver jusqu'à lui, il me dirait de belles choses ; il m'apprendrait ce qu'il faut que je fasse pour devenir sage. »

Tel était le désir que je nourrissais dans mon cœur ; mais comment aller à Ars ? Mon père était bon et plein de complaisance pour moi ; je savais néanmoins que sa condescendance n'irait point jusqu'à me payer un semblable voyage. Je ne perdis pas confiance, mais je priai. Une idée se présenta bientôt à mon esprit, et je m'en emparai avec toute l'ardeur du jeune âge. « Il faut, me » dis-je à moi-même, entasser mes petites épargnes, et » quand j'aurai une grosse bourse, il se présentera bien » quelque occasion favorable d'aller trouver le Saint. »

Me voilà tout à coup devenu aussi économe qu'un avare émérite : plus de dépenses pour mes menus plaisirs, j'accumule mes sous, et à la suite de plusieurs années, j'eus le bonheur de me voir possesseur d'une somme qui me semblait tout un trésor.

Pendant ce laps de temps, la ligne du chemin de fer de Paris à la Méditerranée était terminée ; il m'était facile désormais de savoir la route qu'il fallait suivre pour réaliser le voyage désiré. Sans rien laisser deviner de mon projet, je pris des informations dont personne ne soupçonnait la portée, et je finis par arrêter tout à fait mon itinéraire. Il ne s'agissait plus que de trouver une occasion favorable, elle se présenta inopinément. J'avais alors de quatorze à quinze ans; mon père me dit : « Tel jour, mon enfant, je te mènerai voir la ville. » (La ville c'était Mâcon, je suis né à Saint-Symphorien-d'Ancelles, bourg qui n'en est pas éloigné.) J'eus à peine entendu cette parole que mon plan fut tracé. « Mon père, répondis-je, nous avons à Mâcon, vous le savez, des parents que j'aime beaucoup; un jour passé avec eux sera bien court : laissez-moi partir la veille. Oui, mon enfant, tu peux partir. »

Me voilà en wagon, le cœur ivre de joie, et ma grosse bourse dans le gousset. Je ne m'arrête même pas à Mâcon, je cours en droite ligne à Villefranche, et de là, prenant l'omnibus, j'arrive à Ars vers le soir. Dès le lendemain, je vois le Saint, et j'en suis si heureux que l'envie me vient de passer là plusieurs jours. Mais alors le trouble s'empare de moi; qu'allait penser mon père quand il ne me trouverait pas à Mâcon? Ne redoutera-t-il pas pour son fils quelque accident funeste? Et le soir, quand il retournera seul à la maison, que va-t-il dire à ma bonne mère pour lui expliquer mon absence?

Telles étaient les pensées pénibles qui se pressaient dans mon esprit et agitaient vivement mon cœur. Tout à coup un rayon de lumière brille au milieu de cette tempête et m'apporte un peu de calme.

« Que je suis simple! m'écriai-je; ne suis-je pas au-
» près d'un Saint qui peut m'instruire de la volonté du
» bon Dieu? Allons le consulter; ses ordres seront pour
» moi les ordres mêmes de Dieu. » Me voilà aussitôt près du bon Curé, auquel je m'efforçai d'expliquer toute ma peine. Il m'a bientôt compris, et il me dit :

« Tenez-vous en paix, mon enfant, vos parents savent
» déjà que vous êtes ici, et ils ne sont nullement en peine
» de vous. Restez tant que vous le voudrez. »

En effet, dès le soir de mon arrivée, une parente m'a-
vait aperçu à Ars, et, sans que je le susse, elle avait révélé
à ma famille le lieu où je me trouvais. Le Saint avait
connu tout ceci par cette lumière surnaturelle qui lui
permettait parfois de voir aussi clairement ce qui se passait au loin que s'il l'avait eu sous les yeux. J'ai su que
ma parente ne lui avait rien dit; elle ne lui avait pas
même parlé. Je restai à Ars trois à quatre jours, tant que
je sentis des ressources dans ma petite bourse. Je partis
ensuite, mais ce n'était pas, je l'avoue, sans être vivement
préoccupé de l'accueil que j'allais recevoir à la maison
paternelle. Ma conduite, je le sentais bien, n'avait pas
été régulière, et je savais que mon père n'entendait pas
d'être joué par ses enfants. Quel ne fut pas mon étonnement quand je vis tous les visages souriants ! Père, mère,
tous me tendent les bras et me reçoivent avec autant d'affection que si je n'avais rien fait sans leur autorisation
préalable. C'est alors que ma joie ne connut plus de
bornes. Mon cœur était inondé de bonheur au souvenir
du saint Curé d'Ars. J'en disais tant de bien, j'étais tellement inépuisable quand j'en parlais, que tout le monde
voulait m'entendre. Dieu se servit ainsi de moi pour répandre la réputation de M. Vianney dans mon pays.
Presque tous les habitants allèrent le voir, et Dieu a
magnifiquement récompensé leur foi, car il n'y a peut-
être pas de localité au monde où l'on ait obtenu autant

et d'aussi éclatantes faveurs ; on en compte un nombre à peine croyable, et elles appartiennent à tous les gens de grâce.

L'heureux succès de mon premier pèlerinage me fit désirer d'en faire un second, en compagnie de mon excellent père. Il me semblait que s'il voyait le Saint et l'entendait parler, il aimerait davantage le bon Dieu ; à cet âge d'innocence, je ne connaissais pas de bonheur plus enviable.

Un jour, une affaire nous appelle à Lyon ; l'occasion ne pouvait être plus favorable, et je me gardai bien de la laisser échapper. Quand nous fûmes près de Villefranche, j'invitai mon père à se détourner pour quelques heures de notre route, afin d'aller trouver le Saint. Je n'obtins pour toute réponse qu'une parole fort brusque, qui fit expirer la réplique sur mes lèvres. Je ne me décourageai pas cependant ; sachant que le cœur des hommes est entre les mains de Dieu, je me mis à prier en silence, sans que personne pût se douter de rien. Merveilleux effet de la prière ! Au retour de Lyon, mon père fut le premier à me proposer le pèlerinage d'Ars. Nous prenons l'omnibus à Villefranche, et nous voilà joyeusement en route.

Dans la voiture, nous nous trouvons en compagnie de deux pauvres aveugles. Je me penche à l'oreille de mon père, et je lui dis : « Voyez-vous ces deux aveugles ? Eh bien ! au retour, ils y verront aussi clair que vous et moi. »

Le saint Curé comprit que mon père était pressé, et

par suite de son intuition surnaturelle, si merveilleuse,
il vint le prendre par la main pour le confesser ; ensuite
il lui traça des règles de conduite qui ont fait son bonheur. Il nous congédia l'un et l'autre, en nous comblant
de ses plus douces bénédictions. Nous remontons dans
l'omnibus, et, par un jeu charmant de la Providence,
nous nous retrouvons en société des deux aveugles de
la veille. Mon pressentiment avait eu son accomplissement : la cécité des deux aveugles avait disparu à la parole du Saint. »

Pendant que nous causions ainsi, attendris au milieu
de si doux récits, l'heure du départ était arrivée. L'excellent M. Génétier me serra affectueusement la main,
et, après m'avoir dit un adieu plein d'émotion, il se dé-
tourna promptement pour me dérober les larmes qui
commençaient à couler de ses yeux. Il y avait sans doute
un gage d'amitié dans ses larmes ; mais il y avait surtout
le regret de ne pouvoir partager, avec moi, le bonheur de
s'agenouiller sur la tombe de celui que sa vive piété
n'appelle que le Saint.

CHAPITRE II

Conversion de M. le comte de Saint-C...; grâce singulière qu'il obtient à sa dernière heure. — Transformation soudaine opérée dans le cœur d'une jeune fille; le Serviteur de Dieu fait à la mère une prédiction étrange qu'elle accomplit malgré elle. — Autre prédiction : vocation touchante d'une sœur et heureuse mort de l'autre.

Mon amour pour le saint Curé d'Ars m'a valu une faveur à laquelle nul autre titre ne pouvait me donner le droit de prétendre : c'est l'accueil le plus gracieux et le plus délicieusement hospitalier de Mme la comtesse de Saint-C..., noble dame, plus connue encore des pauvres qu'au milieu du grand monde où son illustre nom lui assure un rang distingué. Quiconque se dévoue à la gloire du Serviteur de Dieu, est d'avance assuré des effets de sa haute bienveillance. C'est la reconnaissance , ce sentiment si puissant sur les grandes âmes, qui lui inspire cette vive et chrétienne sympathie.

Mme la comtesse de Saint-C... avait été unie de bonne heure à M. le comte de Saint-C..., et lui avait voué toutes les affections de son cœur généreux. Le comte méritait ce dévouement absolu, et il en goûtait tout le bonheur. Il n'eût pas été possible d'imaginer une union plus douce et plus parfaite, si ce n'avait été, hélas! que M. le comte de Saint-C... vieillissait sans vouloir assurer le salut de son âme en s'approchant des Sacrements.

Il était loin d'être incrédule, la foi vivait toujours au fond de son cœur ; il entendait régulièrement la Messe le saint jour du Dimanche ; il accomplissait volontiers tous les autres devoirs du Chrétien. Mais si quelqu'un touchait à l'article de la Confession, son vieux front de militaire s'assombrissait, et il fallait à l'instant changer le sujet de la conversation.

Telle était, depuis longues années, l'attitude religieuse de M. le comte de Saint-C... quand Mme de Saint-C..., à bout de ressources, conçut la pensée de prier son époux de l'accompagner dans un pèlerinage au tombeau du saint Curé. Elle espérait que, dans ce lieu béni, cette âme rebelle à la grâce pourrait enfin être vaincue ; mais elle se garda bien de lui laisser pressentir son dessein.

Le comte ne voyant, dans ce pèlerinage, qu'un acte de complaisance envers une épouse tendrement aimée, accueillit volontiers ce projet, et, peu de jours après, le voilà dans le sanctuaire d'Ars.

Tous ceux qui arrivent dans ce saint lieu sont unanimes à dire que l'on y éprouve, malgré soi, un saisissement religieux qui émeut et attendrit profondément l'âme. M. le comte de Saint-C... subit, comme les autres, cette influence mystérieuse. Il sentit en lui-même je ne sais quel trouble intérieur, dont la nature l'étonnait et le déconcertait. Lui, jusque-là si paisible, sentit un être nouveau s'agiter dans son cœur et qui s'élevait tumultueusement contre l'homme dont les vieilles habitudes ne voulaient point céder.

Ce fut surtout dans la chambre du Serviteur de Dieu

que cette émotion se trahit davantage et se manifesta à tous les yeux. Le spectacle d'une pauvreté si extrême devint pour l'âme de cet homme réfléchi toute une révélation. A travers ce mystère de dénûment et d'abnégation suprême de toutes les aises d'ici-bas, il entrevit l'objet de l'espérance du Saint : il pressentit le Ciel !

En ce moment, un missionnaire, présent à cette scène sublime, jugea l'instant favorable, et prononça le mot Confession : ce mot, cette fois, n'effaroucha plus ; la tête de cet homme, à la fois si bon et si fier, s'inclina ; un oui s'échappa de ses lèvres. Cette âme était conquise ; et ce qui arrive toujours dans ces sortes de cas, elle ne pouvait assez se féliciter d'avoir été vaincue. Les transports de joie qu'éprouva le vieux comte, à la suite de sa glorieuse défaite, furent tels qu'il ne chercha nullement à en faire un mystère ; il les laissa éclater au dehors de toutes sortes de manières, avec une simplicité naïve.

Il avait raison d'être heureux, car il venait de recevoir l'appel de la onzième heure. Quelques mois s'étaient à peine écoulés, depuis cette époque fortunée, et il était subitement frappé par un coup terrible, qui le privait, à l'instant même, de toute connaissance. On appela successivement différents prêtres pour essayer de lui arracher quelques aveux, et lui administrer avec plus de sûreté les derniers Sacrements ; mais tous les efforts que l'on tenta demeurèrent sans résultat. Le saint Curé d'Ars avait converti cette âme, c'était lui encore qui voulait l'assister à sa dernière heure.

Le même missionnaire qui avait reçu sa confession à

l'époque de l'heureux pèlerinage, arrive près de lui, et, chose merveilleuse, à sa voix le moribond s'éveille, salue le bon Père, se confesse avec une lucidité parfaite, reçoit les derniers Sacrements, et s'endort tranquillement dans le Seigneur.

Tel est le touchant souvenir qui presse continuellement le cœur de la bonne comtesse. Pour elle, le saint Curé d'Ars est un tendre père qui a enfanté un époux chéri à la grâce, un précieux ami qui est venu au-devant de lui à l'heure suprême, et l'a introduit miséricordieusement dans le lieu du rafraîchissement et de la gloire.

Le court séjour que je fis dans la délicieuse villa de Saint-Bonnet-de-Tussieux, rappela à Mme de Saint-C... une anecdote piquante de la vie du saint Curé, telle qu'on en trouve parfois dans l'histoire des Saints.

Un jour, nous revenions ensemble de l'église du village où j'avais offert le saint sacrifice de la Messe. En traversant l'un des hameaux qui composent la paroisse, elle me montra une maison qui, malgré sa modeste apparence, indiquait une certaine aisance dans ceux qui l'habitaient, puis elle commença le récit suivant :

« Si vous entriez dans cette maison, humble mais proprette, vous y trouveriez deux époux aujourd'hui sur le déclin de l'âge, qui vous raconteraient sur le saint Curé des traits dignes d'être connus.

Le Ciel, à leur grand regret, n'avait accordé, pour fruit de leur union, qu'une fille unique. Toute leur affection s'était naturellement concentrée sur cette enfant qui, d'ailleurs, était venue au monde avec de magnifiques dons de la nature. Elle grandit au sein de leurs caresses, et elle devint peu à peu l'une des filles les plus intéressantes de tout le pays. Vive et gracieuse, n'ignorant pas le bien-être de sa famille, elle aima le luxe et les innocents plaisirs. Ses parents, ne vivant que pour elle, ne lui refu-saient jamais rien de ce qu'elle désirait.

Lorsqu'elle fut en âge de s'établir, les jeunes gens du village se disputèrent la préférence, et elle finit par être très-embarrassée pour arrêter son choix. Ses parents ne voulaient point peser sur sa volonté; ils crurent devoir la laisser tout à fait libre de se déterminer à son gré dans une affaire où il y allait de tout son avenir.

Pendant que la jeune fille cherchait un moyen de mettre fin à ses incertitudes, la pensée lui vint d'aller consulter le saint Curé, et d'apprendre, de ses lèvres ins-pirées, quelle était la volonté du ciel à son égard. Elle partit, en effet, et la voilà aux pieds de l'homme de Dieu. Là, elle ouvrit son cœur, fit naïvement part de ses doutes, et elle demanda avec une candeur admirable quel était, dans tous les partis qui se présentaient, celui que Dieu lui désignait.

« Mon enfant, répond le Saint, aucun de ces partis » n'est fait pour vous. Vous avez 20,000 francs de dot » et ces jeunes gens n'en ont pas autant. Attendez et » vous ne tarderez pas à rencontrer un époux bien digne » de vous. »

La jeune fille fut d'autant plus frappée de cette réponse qu'elle n'avait point parlé de sa fortune, et cette somme de 20,000 francs était précisément ce qui devait lui revenir. Elle partit en paix, résolue d'attendre l'accomplissement de l'oracle dont elle était loin de soupçonner le sens véritable.

Elle était encore sur la route d'Ars à Saint-Bonnet, quand tout à coup elle sentit s'opérer en elle une révolution étrange : il semblait qu'on lui renversait toutes ses inclinations et ses pensées. Le goût qu'elle avait eu jusque-là pour le luxe et les plaisirs disparut, et elle sentit naître à la place un attrait marqué pour la modestie et le recueillement. La perspective d'un établissement dans le monde, loin de lui plaire, lui paraît une condition pleine d'ennuis et la remplit de tristesse. Rien ne sourit plus à son âme toute transformée que la pensée du cloître et la douce espérance de devenir religieuse.

Rentrée dans la maison paternelle, elle abandonne peu à peu tous les vains ornements dont elle aimait tant à se parer et commence à fréquenter plus assidûment les Sacrements et l'Église. Enfin, elle ouvre son cœur à sa famille, et déclare qu'elle a renoncé à tout projet de mariage humain, ne voulant plus d'autre époux que Celui qui peut la rendre éternellement heureuse.

A cette ouverture inattendue, les parents demeurent immobiles de surprise et de douleur. Pour la première fois, ils osent contrarier les vœux de leur pieuse fille. Ils consentent bien à la donner à tel mari qu'il lui plaira de choisir; mais à l'Époux céleste, oh ! non, jamais ! Il leur semble que leur fille sera perdue pour eux, du moment qu'elle prendra Dieu pour son unique partage.

Cet état de lutte entre la nature d'un côté et la grâce de l'autre dura assez longtemps, sans que l'enfant ni les parents semblassent vouloir rendre les armes. Tout à coup la mère prend une résolution singulière. Selon elle, c'est le Curé d'Ars qui a tourné la tête de sa fille, c'est donc lui qui doit la ramener au bon sens par une décision meilleure. Elle part pour aller trouver l'homme de Dieu, lui exposer les raisons qu'elle a de fixer cette enfant dans le monde, et lui arracher la promesse qu'il la secondera dans toutes ses vues.

Elle aborde, en effet, le saint Curé, lui parle avec toute l'éloquence que lui inspire le désespoir maternel, et attend une réponse qu'elle ne doute pas devoir lui être favorable. Quel n'est pas son étonnement quand elle entend l'homme de Dieu lui dire : « Eh quoi ! ma » bonne, vous venez me demander d'enlever à votre fille » la pensée de se faire religieuse, et c'est vous-même qui » devez la conduire au couvent !... »

Ces paroles inattendues renversent la pauvre femme ; elle se relève le cœur indigné, se disant avec une sorte de rage : « C'est là cet homme que l'on regarde comme pro- phète !... Il prédit que je conduirai moi-même ma fille au couvent !... En vérité, il peut annoncer d'autres évé- nements s'il veut qu'ils s'accomplissent. »

Quelque temps se passe, et rien ne change ni dans le désir de la fille ni dans l'opposition des parents. De guerre lasse, la mère, ayant sans doute oublié la prophétie du saint Curé à laquelle elle n'avait jamais cru, se dit à elle-même : « Je connais ma fille, et je sais qu'elle n'est

» point faite pour la vie religieuse. De tous les moyens
» dont nous pouvons disposer pour lui enlever la folle
» idée qui la travaille, un essai sera sûrement le plus
» efficace. Enfermons-la quinze jours dans un couvent,
» et nous allons voir quelle sera son impatience de re-
» venir, toute désabusée, au sein de la famille. »

Fière de son ingénieuse invention, la mère prend sa
fille, la conduit au couvent, et retourne tout heureuse,
comptant l'aller bientôt reprendre complétement guérie
de ses ridicules idées. Hélas ! la jeune fille ne revint
plus !... L'étrange prophétie du saint Curé s'était réalisée
tout entière !... La mère s'en souvint plus tard, et voyant
dans ces événements la conduite secrète d'une sagesse infi-
nie qui dirige fortement et suavement toutes choses à leur
but, elle inclina la tête et adora la main qui lui avait
amoureusement ravi une si belle victime. »

La religieuse dont nous venons de raconter la merveilleuse vocation ne vit plus aujourd'hui. Mûre de bonne
heure pour le Ciel, le Seigneur s'est hâté de lui accorder
la récompense de son héroïque fidélité, et de lui montrer
face à face cet Époux immortel pour lequel elle avait sacrifié toutes les alliances terrestres.

Puisse cette page que nous venons d'écrire, tomber
sous les yeux de la mère en deuil, et répandre quelque
baume sur la plaie de son cœur ! Son enfant n'est pas
morte, elle a cessé, au contraire, de mourir pour commencer à vivre de la véritable vie. Elle lui sourit du haut
du Ciel, et l'attend pour partager avec elle les délices de
la bienheureuse éternité.

Ce n'était pas la première fois que le saint Curé avait prédit les événements les plus invraisemblables, et que ses prévisions s'étaient littéralement accomplies. A l'époque où il annonçait la vocation de la jeune religieuse de Saint-Bonnet, il y avait longtemps que s'était passé le fait suivant :

Une demoiselle de Fareins, Eugénie Bernard, se sentait poursuivie par un désir toujours croissant de quitter le monde et d'aller s'ensevelir dans la solitude du cloître. Un jour, elle se rend à Ars, avec une compagne, pour consulter l'homme de Dieu sur la valeur de cet attrait si puissant, qui ne lui laisse plus de repos. Elle ne doutait pas que la réponse ne fût selon ses inclinations. Déjà elle s'occupait dans sa pensée des préparatifs du départ : « Mes parents, disait-elle à sa compagne, seront, je le sais, vivement contrariés de ma détermination ; mais la volonté de Dieu avant tout. Si le saint Curé approuve mon dessein, je n'hésite pas ; la grâce fortifiera mon cœur dans cette séparation cruelle. »

L'avis du saint Curé fut tout contraire à ses espérances, ses paroles semblèrent même si étranges que, malgré toute sa croyance à l'intuition surnaturelle du Saint, elle en murmura et refusa d'y ajouter foi. De retour à Fareins, elle se montra triste, préoccupée, et bien que sa compagne, par esprit de discrétion, ne lui demandât point la cause de l'ennui qui se trahissait sur son visage, elle ne put s'empêcher de lui manifester les sentiments de peine qui agitaient son cœur. « Figurez-vous, lui dit-elle avec le ton d'un dépit assez marqué, que le bon Curé m'a dit :

« Mon enfant, vous ne vous ferez jamais religieuse, mais vous vivrez et vous mourrez au sein de votre famille. Pour votre sœur qui est mariée, c'est toute autre chose; pour elle, oui, elle se fera religieuse. » Comprenez-vous ce langage? ajouta la jeune fille. Ainsi, moi, qui suis libre et désireuse d'entrer en religion, je vivrai dans le monde et mourrai dans ma famille, tandis que ma sœur, qui est établie et liée par des engagements indissolubles, sera religieuse!... Croyez-vous à un pareil renversement des choses? »

Sans doute, une semblable prophétie était étrange; mais bientôt l'événement allait prouver que le Serviteur de Dieu lisait dans les secrets divins. Quelques mois à peine s'étaient écoulés, et déjà la prophétie commençait à se vérifier : le mari de Mme Bernard, frappé à la fleur de l'âge d'une maladie mortelle, est enlevé en quelques jours. Son épouse, atterrée par ce coup si inattendu, comprend, par cette douloureuse épreuve, la vanité d'un monde où le bonheur est si fragile, et forme la résolution de lui dire un éternel adieu. Se trouvant libre et sans enfant, il lui était facile de mettre à exécution son généreux dessein; elle le fit sans retard. Reçue parmi les Dames Ursulines de Villefranche, dans le département du Rhône, elle y a vécu de longues années, et y laissa en mourant la bonne odeur de ses vertus.

Pour Mlle Eugénie Bernard, à la vue de l'accomplissement si exact de la partie la plus invraisemblable de la prophétie, elle se sentit, plus que jamais, pénétrée d'estime et de vénération pour celui qui l'avait faite. Elle ne

douta plus que ce qui la concernait elle-même, ne se véri-
fiât aussi d'une manière également évidente. Le temps ne
tarda pas à lui prouver que, cette fois, elle raisonnait juste.
Au moment où l'on s'y attendait le moins, un mal secret
se déclara, et cette plénitude de force et de jeunesse disparut aussi rapidement que l'éclat d'une fleur au souffle
d'un vent funeste ; elle sentit bientôt elle-même que la vie
allait lui échapper.

La terreur s'empara alors de son âme, et, dans l'exagération de son effroi, elle ne vit personne qui fût capable
de lui donner la paix, si ce n'est le saint Curé d'Ars. Elle
l'envoya donc appeler et lui fit dire : « Venez m'assister
à mes derniers moments, ou soyez assuré que je ferai une
mauvaise mort. » C'était vers l'année 1822 ou 1823, le
Serviteur de Dieu ne se trouvait pas encore obsédé par cette
multitude de pèlerins qui, plus tard, le riva à son confessionnal, et lui rendit toute absence impossible. Il entendit
l'appel de la moribonde et partit pour Fareins. Il confessa
la malade, dissipa toutes ses frayeurs, et finit en lui disant : « Votre dernier moment n'est pas encore arrivé ;
vous ne mourrez que tel jour et à telle heure. » Et il la
laissa dans la plus profonde paix.

Le jour marqué étant venu, tout à coup la malade demande l'heure qu'il est ; on la lui indique. « Eh bien !
dit-elle d'un ton calme et résigné, il est temps de me faire
la recommandation de l'âme. » Tout le monde tombe à
genoux, on se met en prière, et, à l'instant précis marqué
par l'homme de Dieu, la malade s'éteignit tout doucement au milieu de sa famille en pleurs ; la prophétie,

qui l'avait tant révoltée d'abord, recevait ainsi son parfait accomplissement.

C'est de la compagne même de Mlle Bernard que nous tenons ce surprenant récit. Le fait d'ailleurs est public, et l'on peut dire que tous les habitants de Fareins en ont été les témoins.

CHAPITRE III

Les tombeaux des Saints, loin d'inspirer de l'horreur aux vivants, ne leur offrent que de l'attrait et des images gracieuses. — Explication d'un phénomène si étrange. — Le Curé d'Ars toujours présent parmi les nombreux pèlerins qui visitent ses saintes dépouilles. — Deux guérisons obtenues par son intercession.

Malgré tout le bonheur que je goûtais dans la délicieuse villa de Saint-Bonnet, il me tardait déjà d'en partir et d'aller respirer le parfum céleste qui s'exhale du tombeau vivifiant du saint Curé d'Ars. Il n'en était guère éloigné; quelques heures passées en train express suffirent pour m'y transporter. En route, j'eus le bonheur de rencontrer un vieil ami, l'un des plus anciens missionnaires qui ont la garde du précieux tombeau. La conversation animée que nous liâmes ensemble ne me permit de me rendre compte du chemin parcouru, que quand nous étions déjà arrivés au terme du pèlerinage.

Je me tourne du côté du sanctuaire, et sans y penser, je pousse une longue exclamation de joie : mon regard émerveillé venait de rencontrer une coupole superbe et d'un style qui me sembla inconnu, création nouvelle d'un génie inspiré. Comment ne pas être étonné en présence d'un monument où éclatent à la fois toutes les magnificences des arts, lorsque ce monument s'élève au sein d'un pauvre village où l'œil n'aperçoit, sauf quelques rares exceptions, que des maisons fabriquées en terre glaise ?

Ce spectacle merveilleux et soudain fit naître mille pensées dans mon esprit, mille sentiments dans mon cœur ; mais je les refoulai à l'instant ; le désir d'aller m'agenouiller sur le saint tombeau reprenait son empire, et j'oubliai aisément tout le reste pour satisfaire ce pressant besoin de mon cœur. Dieu du Ciel ! que de bonheur je goûtais sur cette humble dalle !... Qu'est-ce donc que le tombeau d'un Saint? Qui pourra en expliquer les étonnants mystères? Qui dira pourquoi tout nous attriste et nous repousse dans le lieu où reposent les cendres des pécheurs, tandis que la tombe d'un Saint cache des attraits et des suavités secrètes qui charment et captivent

La vue du tombeau de l'ami de Dieu n'éveille pas même dans l'esprit l'image de la Mort. Ce spectre hideux, qui se dresse sur tout sépulcre profane, et frappe l'imagination de terreur, n'apparaît nullement ici. Tout, au contraire, y sourit. Cette dalle épaisse et froide ne semble à la foi du pèlerin qu'un voile léger et transparent, à travers lequel il entrevoit le Saint comme vivant. Il le contemple, il l'aime, il se jette à ses pieds, il sollicite sa bénédiction puissante, il lui parle, lui expose ses doutes, lui demande des conseils, et s'attend à en recevoir une réponse. Ce qu'il y a de plus étonnant encore, c'est que tout le monde agit de la sorte, et personne ne trouve à redire à cette conduite singulière en apparence, on ne comprendrait pas même que l'on pût faire autrement.

Encore une fois, quelle est l'explication de cette énigme? Quel est l'homme intelligent et sage qui nous la donnera?... Inutile de vouloir échapper à l'étreinte d'une question si pressante, et de prétendre expliquer l'étrangeté d'un tel phénomène en invoquant la puissance du préjugé ou les vaines fantaisies d'une imagination exaltée. Une telle solution pécherait radicalement par la base, car elle suppose que le fait dont nous parlons n'est qu'une illusion vaine, tandis qu'il est certain et plein de réalité. Si vous en doutez, venez et voyez. Agenouillez-vous sur la pierre qui recouvre ces ossements sacrés, et vous verrez, par vous-même, si, selon le langage de l'Écriture, « ils ne fleurissent pas, s'ils ne répandent pas un parfum délicieux. » Vous aussi, vous sentirez que l'homme de Dieu est là, et qu'en prenant son essor vers le Ciel, il n'a point quitté le lieu où il a vécu pendant de longues années, où il a opéré tant d'éclatantes merveilles.

On raconte que des âmes privilégiées, favorisées des douces communications du Ciel, ont vu le Saint présent dans ces endroits bénis où jadis la foule le contemplait et le suppliait. On prétend qu'aujourd'hui comme autrefois, il verse, sur les pèlerins, des flots de bénédictions, excite le cœur des pécheurs au repentir, apaise le trouble des âmes agitées, rassure les justes et les enivre de consolations ineffables.

Il ne nous appartient pas de dire ce que valent ces visions merveilleuses, mais ce que nous pouvons affirmer, et ce qu'affirmeront avec nous tous les pèlerins que la grâce conduit près du glorieux tombeau, c'est qu'il s'en exhale une odeur de vie et je ne sais quelle vertu puissante qui, en pénétrant profondément les cœurs, dit mieux que des paroles : « Vous voyez bien que je suis encore ici !... »

Le fait est donc certain, et ce serait aller contre l'évidence que d'en tenter la négation. « Or, dit un auteur au-
» jourd'hui célèbre [1], c'est une chose prodigieuse et qui
» doit faire réfléchir que cette seconde existence d'un
» homme qui se survit à lui-même, cette sorte de vie
» dans la mort.. » Encore une fois, qui nous expliquera cette présence aussi incontestable que mystérieuse?

Le chrétien n'est nullement en peine pour donner ces sortes de solutions, il a dans sa foi la clef de tous ces mystères. L'Église lui apprend que le jour de la mort d'un Saint est celui de sa naissance : « O Dieu, dit-elle en célé-
» brant l'anniversaire du trépas de ses Saints, ô Dieu,
» soyez-nous favorable, et pendant que nous fêtons la
» naissance de votre Serviteur, accordez-nous la grâce de
» marcher sur ses traces et d'imiter ses actions [2]. »

La tombe n'est donc pas pour les Élus de Dieu un abîme où ils disparaissent, mais un berceau où ils recommencent leur existence : existence éclatante, glorieuse, divine, en regard de laquelle leur vie d'autrefois n'a été qu'un pèlerinage plein de défaillance et de faiblesses, une lutte, une agonie lente et douloureuse.

Et voilà pourquoi la tombe d'un Saint n'offre que des attraits touchants, de gracieuses images, tandis que le sépulcre des pécheurs inspire l'épouvante, et ne suggère

1. L'abbé Monnin. — Journée du 4 août 1865.
2. Oraison pour les confesseurs non pontifes.

que d'accablantes pensées. C'est que, pour le Saint, la mort est l'initiation à la véritable vie, tandis que pour le pécheur, elle devient un abîme où il va s'engloutir à jamais. C'est là qu'il trouve une nouvelle mort, plus effrayante encore, que l'Écriture appelle la seconde mort, et dont on ne revient plus.

Lorsque mon âme se fut toute retrempée sur cette tombe bénie, je me relevai plein de joie, pour aller, en toute hâte, me jeter dans les bras des zélés missionnaires, et goûter auprès d'eux tous les charmes d'une vive et sainte amitié.

Toujours préoccupé par la pensée du grand Serviteur de Dieu, que j'étais venu vénérer, je demandai s'il continuait à opérer des merveilles, et s'il se montrait toujours, comme de son vivant, l'ami des malheureux, le médecin puissant des infirmités désespérées. La réponse fut aussi péremptoire que prompte. « Venez, me dit-on, vous allez en juger par vous-même. Voilà une mère de famille qui accomplit un pèlerinage en actions de grâces de la guérison qu'elle dit avoir obtenue pour l'une de ses petites filles. Elle demande à faire sa déposition, donnez-vous le plaisir de présider à l'enregistrement de ce fait et de recueillir son témoignage. » J'avoue que l'on ne pouvait m'assigner une occupation plus agréable, aussi je l'acceptai avec une vive expression de joie.

Je vis bientôt arriver une jeune mère de famille, suivie ou plutôt chargée de trois petites filles, car elle en portait une dans les bras, et les deux autres ne marchaient qu'en se suspendant à ses vêtements. Toutes ces enfants avaient des physionomies vives et charmantes, mais la seconde par l'âge l'emportait sur les autres en exubérance de santé, et en allures vigoureuses. La mère me la montra et me dit : « Voilà l'enfant qui a été si malade, et que j'ai eu le bonheur de conserver grâce à la protection du saint Curé d'Ars. » Quoique cette petite fille se trouvât en face d'un prêtre qu'elle n'avait jamais vu, elle ne laissa pas apercevoir une ombre de timidité ; elle s'enhardit même jusqu'à oser me disputer la plume et l'écritoire. Comme elle ne pouvait pas facilement m'atteindre, elle montait rapidement sur les chaises ou se faisait un escabeau de tout ce qui lui tombait sous la main. Elle se montra d'autant plus intrépide que je la défendais contre les réprimandes de sa mère, et que j'encourageais vivement ses entreprises. Pouvait-on avoir une preuve plus palpable de sa guérison parfaite, qu'en la voyant ainsi se débattre et se livrer à une incessante activité ?

La santé de l'enfant était évidente, il fallait maintenant constater quelle avait été la gravité du péril. Ici, je priai la mère de prendre la parole, et voici ce que j'écrivis sous sa dictée, le 5 juillet 1870.

« Je m'appelle Marie Place, et mon mari, Joumin, exerce la profession de voiturier à Villefranche (Rhône) où nous sommes domiciliés. Le 17 juin 1866, je mis au monde une petite fille qui reçut au baptême le nom d'Antoinette. L'enfant naquit parfaitement formée et avec tous les caractères d'un tempérament sain et vigoureux. Ses forces s'accrurent avec l'âge, et, dès le neuvième mois, elle était en état de marcher seule. Mais, à partir du dixième mois, sa santé déclina rapidement, et bientôt elle tomba dans un état de langueur à peu près complète. Son estomac perdit son activité naturelle au point de ne pouvoir rien digérer, ni rien retenir. Pour comble d'effroi, nous nous aperçûmes que ce qu'elle vomissait était transformé et d'un noir nauséabond. Nous appelâmes le docteur à notre secours, mais toutes les ressources de son art se trouvèrent sans succès. Il nous indiqua bien quelques remèdes, que nous employâmes exactement, mais ce fut sans résultat.

Voyant mon enfant abandonnée des hommes, je me rappelai que Dieu est tout-puissant, et je l'invoquai par l'intermédiaire du vénérable M. Vianney, Curé d'Ars, et de sainte Philomène. Je profitai des premières forces qui me revinrent après de nouvelles couches, et je partis sans retard pour faire un pèlerinage à la tombe du Serviteur de Dieu. Arrivée dans le village d'Ars, les personnes qui virent mon enfant, secouèrent tristement la tête, et j'entendis qu'elles se disaient : « Pauvre mère ! elle vient ensevelir son enfant à Ars. » Sans me laisser décourager par ces propos, je portai l'enfant sur le tombeau vénéré, et je l'y étendis, d'abord sur un coussin, et ensuite sur la pierre nue. De là je la transportai à l'autel de Sainte-Philomène, et c'est ainsi que je commençai la neuvaine que je me proposais de terminer à Villefranche, dans l'église de ma paroisse.

Chose admirable ! vers le milieu de la nuit même qui suivit notre pèlerinage, l'enfant s'éveille et elle qui, depuis plusieurs jours, ne parlait plus, s'écrie : « Papa, maman, j'ai faim, donnez-moi du pain. » N'ayant point en ce moment d'autre nourriture à lui offrir, après quelques instants d'hésitation, nous lui présentâmes effectivement du pain, et, pour la première fois, elle conserva cet aliment. Le lendemain, ayant vu chez des amis des haricots préparés avec un mélange de pommes de terre, elle en voulut. Nous cédâmes à son désir, et cette alimentation si pesante ne lui fut point nuisible. Notre enfant était hors de danger et déjà en pleine convalescence. Son état dès lors s'est amélioré de plus en plus et aujourd'hui, ainsi que tout le monde peut en juger, elle ne conserve nulle trace d'une maladie rebelle à tout remède, et qui devait la conduire infailliblement au tombeau.

C'est en actions de grâces que je fais ce nouveau pèlerinage, et pour la gloire du Serviteur de Dieu et de Sainte Philomène que j'affirme tout ce que je viens de dire. »

Quand j'eus terminé mon procès-verbal, et que, pour être assuré de son exactitude, j'en eus fait une seconde lecture devant les personnes intéressées, j'allai tout joyeux raconter cette guérison à l'un des missionnaires absent pendant la rédaction. Il m'écouta sans témoigner la moindre surprise, et, à la fin, il me répondit : « Si vous voulez enregistrer de pareils traits, vous aurez souvent l'occasion de le faire, il ne se passe point de semaine où il ne se présente des faits semblables. » J'avoue que cet accueil me déconcerta quelque peu. Il me semblait cependant qu'une enfant de cet âge, qui passe subitement d'un état voisin de l'agonie à une vigueur assez grande pour digérer du pain et des haricots, est un fait capable d'émouvoir toute personne qui ne serait pas constamment en face des manifestations de la puissance divine.

J'avais à peine terminé la rédaction de cette première espèce de procès-verbal, qu'on m'amena une autre personne, qui demandait aussi à faire sa déposition. Cette fois, on convint qu'elle valait la peine d'être recueillie et conservée. Il ne s'agit plus d'une toute petite fille, mais d'une demoiselle de vingt à vingt-cinq ans, dont l'extérieur annonce une santé robuste.

Elle prend la parole, et j'écris le récit qui suit.

« Mon nom est Annette Chevenier, je suis lingère de profession, et domiciliée dans la paroisse de Saint-Symphorien de Lay (Loire). Sur la fin de 1866, je commençai à ressentir des malaises généraux, accompagnés de douleurs assez poignantes dans l'estomac ; mais dans la crainte de contrister mes sœurs, je ne dis rien de mon mal, et le supportai en silence. A partir du 6 janvier 1867, la faiblesse devint si grande et les douleurs si aiguës, que je fus contrainte de dire que je souffrais cruellement, et de consentir à m'aliter.

Je passai dix-huit mois dans un état qui me parut comparable à un affreux martyre. Dans l'intérieur de l'estomac, j'éprouvais des élancements de douleur aiguë, qui semblaient me transpercer tout entière dans la direction de la poitrine, vers l'épine dorsale.

Tant de souffrance m'avait rendue d'une sensibilité

nerveuse exagérée. J'en étais venue au point de ne pas pouvoir supporter le moindre bruit, pas même que l'on crachât ou que l'on se mouchât en ma présence. Je repoussais, avec une sorte d'effroi, les personnes qui voulaient s'approcher de moi ; il me semblait que le moindre contact de leur part allait me faire jeter des cris désespérés. Le gosier s'était à peu près entièrement fermé, et à peine si je pouvais prendre quelques gouttes de liquide à l'aide d'un chalumeau, et encore étais-je condamnée à les rejeter presque aussitôt.

Des symptômes si alarmants firent craindre à mes sœurs une catastrophe inévitable, et pour la conjurer, elles ne reculèrent devant aucun sacrifice. Elles invitèrent le docteur Talichet, médecin célèbre de Roanne, à venir me soigner à Saint-Symphorien de Lay, quoique cette localité soit à plus de seize kilomètres de la ville qu'il habite. Il vint, en effet, à deux différentes reprises, mais le jugement qu'il porta sur mon état fut désespérant. Il déclara que j'étais atteinte d'une gastrite arrivée à son paroxysme, et que les remèdes de l'art, loin de m'être utiles, ne pourraient que me nuire.

Il ajouta bien qu'avec du temps et de la patience, mon état pouvait s'améliorer de lui-même, mais à mesure que les mois s'écoulaient, ma faiblesse augmentait, et les douleurs étaient toujours également insupportables. J'en étais arrivée à un tel point de surexcitation nerveuse que le poids même des draps de mon lit m'accablait, et je les tenais habituellement soulevés, afin d'éviter un contact qui me fatiguait et m'agaçait.

Dans un état si triste, nous reconnûmes mes sœurs et moi que le temps était venu de tourner nos espérances vers le Ciel, et d'appeler Dieu en aide dans une maladie supérieure à toutes les ressources humaines. Ayant eu connaissance de la vie du Serviteur de Dieu J. M. B. Vianney, Curé d'Ars, nous sentîmes naître dans nos cœurs une grande confiance en son crédit auprès de Dieu, et nous commençâmes dès lors à l'invoquer. Je composai moi-même à cette occasion la prière suivante :

« Grand Serviteur de Dieu, je ne demande autre chose en ce monde que d'accomplir l'adorable volonté de Dieu. Si je souhaite la santé, ce n'est que pour réparer, par une vie fervente, les péchés de ma vie passée. Obtenez-moi la santé pour me préparer saintement à la mort, et satisfaire par la pénitence à la justice divine. Saint Curé d'Ars, priez pour moi. »

Telle est la prière que je répétais souvent au milieu de mes souffrances.

Le désir me vint ensuite de me faire transporter sur le tombeau du Serviteur de Dieu, que je venais de choisir pour intercesseur. J'avais bien la pensée que je pouvais mourir en route, mais je me résignai, en me disant à moi-même : « Si je meurs, telle sera la volonté de Dieu, » et je partis courageusement, en compagnie de l'une de mes sœurs. Dire tout ce que j'ai souffert pendant un si long trajet, je ne le tenterai même pas.

Nous arrivâmes à Ars le 18 du mois de mai 1868, vers une heure environ de l'après-midi. Je voulus aussitôt

que l'on me conduisît à l'église, où, me trouvant un peu
mieux, je restai à peu près l'espace d'une heure. De là,
j'allai me mettre au lit. La nuit fut pénible; cependant,
le lendemain, je fis un effort sur moi-même, et, à l'aide
du bras vigoureux de ma sœur, je me traînai jusqu'à
l'église. J'éprouvais tant de douleurs que, dans mon peu
de foi, il me semblait difficile d'obtenir une guérison
complète. Aussi je me contentai de solliciter la force d'a-
gir et de travailler, consentant, à ce prix, à supporter
mes souffrances, toutes cruelles qu'elles étaient. Aussitôt
je me sens assez forte pour me tenir à genoux durant
tout le temps du saint sacrifice, je vais même communier
seule et sans appui, disant à ma sœur « que je me sentais
en état de la soutenir elle-même, si elle en éprouvait le
besoin. »

Cependant les douleurs persistaient. La grâce de la ré-
cupération des forces me donna la confiance que je pourrais obtenir aussi celle de la disparition des douleurs.
Avant de quitter le village, je demandai avec foi cette
nouvelle faveur, et aussitôt je me sentis comme renaître,
toute souffrance s'évanouit.

Il ne me resta de tous mes maux qu'une faiblesse, et je
ne sais quelle langueur dans les jambes, qui ne me permettait de faire que de légères courses, et limitait gran-
dement mon action. Le 1er mai de cette année 1870, je
dis au saint Curé : « Grand Serviteur de Dieu, veuillez
m'obtenir une guérison complète, et je vous promets de
me consacrer au service de Dieu tout le reste de ma vie. »
Cette dernière guérison a été aussi prompte que les

autres, et, dès le jour même, dès le 1er mai, j'ai recouvré la plénitude de mes forces.

C'est en actions de grâces de tant de faveurs reçues que je fais ce nouveau pèlerinage, et c'est à la gloire du saint Curé que j'affirme ce que j'ai dit. »

Heureux pays, où les faits miraculeux se multiplient jusqu'à frapper à peine ceux qui en sont les témoins ! Heureux, trois fois heureux, les privilégiés qui ont planté leur tente auprès de ce tombeau béni ! Ils y vivent dans une sorte de vestibule du ciel, car ils peuvent à leur gré entrevoir, à chaque instant, le doigt de Dieu, hélas! si profondément caché à tant d'autres!...

CHAPITRE IV

Société des Missionnaires d'Ars. — M. l'abbé Mury, fondateur des Missionnaires du diocèse de Belley. — M. l'abbé Camelet lui succède et organise l'œuvre en dressant des constitutions. — Étroite amitié qu'il contracte avec M. Vianney. — Le Serviteur de Dieu donne de la stabilité à la société en fondant des missions. — Les Missionnaires diocésains, auxiliaires de M. Vianney, pendant sa vie, et gardiens de son tombeau après sa mort.

Il sera souvent question, dans le cours de cet ouvrage, des Pères missionnaires qui ont été choisis par la divine Providence pour être les gardiens du tombeau de M. Vianney, et les continuateurs, en quelque sorte officiels, de toutes ses œuvres. Il est nécessaire, sous peine de laisser planer une sorte d'obscurité sur presque tout ce qui va suivre, de faire, en quelques mots, l'histoire de cette société, et de ménager ainsi au lecteur la connaissance de plusieurs personnages qui seront souvent en scène.

Cette notice d'ailleurs fait partie intégrante de mon sujet, puisque, si M. Vianney n'a pas directement fondé la société qui l'aide aujourd'hui à se survivre à lui-même, en lui prêtant le concours de son action et de son zèle, il a, au moins, puissamment contribué à la consolider.

Mais pour comprendre toute la portée de l'intervention de l'homme de Dieu dans l'œuvre dont il s'agit, il faut reprendre les choses de plus haut.

M. l'abbé Mury, ayant vu renaître l'ancien et pieux diocèse de Belley, par la nomination de Mgr Devie au siége de l'héroïque saint Anthelme et du célèbre ami de saint François de Sales, sentit s'allumer au fond de son cœur le feu sacré de l'apostolat, et il résolut de s'abandonner à la pieuse ardeur qu'il lui inspirait.

Il est rare qu'une âme généreuse se trouve isolée, les grands cœurs ont entre eux une mystérieuse sympathie, et l'attrait du bien qu'ils poursuivent, les rapproche et les unit. M. l'abbé Mury communiqua son magnanime dessein à M. l'abbé Convert qui, déjà secrètement préparé par la grâce, l'embrassa avec transport.

Mgr Devie, ayant eu connaissance du nouvel élément de bien qui se formait au sein de son bien-aimé diocèse, se hâta d'en bénir les débuts, et de favoriser de tout son pouvoir les deux fervents auxiliaires que l'esprit de Dieu lui suscitait, dès le commencement de son épiscopat. Il leur assigna pour demeure et pour centre de leurs missions apostoliques, le grand séminaire de Brou. C'est en l'année 1833 qu'ils prirent possession de leurs modestes cellules, et jetèrent les fondements d'une société, dont ils étaient loin alors de prévoir toutes les destinées.

La maison du grand séminaire fut pour les nouveaux missionnaires comme une sorte de cénacle, d'où ils s'élancèrent, sans retard, sur plusieurs points du diocèse, afin d'y ranimer le sentiment religieux que les malheurs des temps avaient presque éteint ou, au moins, à peu près partout, refoulé au fond des cœurs.

Les succès qu'ils obtinrent dépassèrent toutes leurs

espérances, et devinrent même pour eux un piége dont ils ne surent pas se défendre. Ne regardant que le bien à opérer, et n'écoutant que l'ardeur insatiable qui les dévorait pour le salut des âmes, ils ne modérèrent pas assez le généreux élan qui les emportait, et, après sept années seulement de labeurs évangéliques, ils succombaient l'un et l'autre, à six mois d'intervalle, sous le poids d'un excès de fatigues.

La mort simultanée et si prématurée des deux fondateurs pouvait entraîner à sa suite la destruction de la société elle-même. Mais Dieu, qui voulait sa conservation, et lui avait déjà ménagé une place dans ses desseins à venir, leur avait préparé un héritier digne d'eux dans M. l'abbé Joseph Camelet, originaire de la paroisse de Meximieux.

En 1841, époque où MM. Mury et Convert allèrent, martyrs de leur zèle, recevoir la juste récompense de leurs travaux, M. Camelet n'avait encore que trente-deux ans ; mais il était déjà fort expérimenté dans les saints combats des Missions. Épris d'un double enthousiasme pour l'œuvre de M. Mury, il avait quitté, depuis déjà plusieurs années, l'école cléricale de Bourg, qu'il avait dirigée quelque temps, et s'était attaché à cet homme apostolique. Dès lors, il se montra toujours son compagnon le plus assidu et le plus infatigable.

Doué d'une santé qui paraissait se jouer des plus accablantes fatigues, son ardent supérieur n'avait jamais été obligé de ralentir son zèle par la crainte de la compromettre, aussi il en avait fait l'apôtre de tout le pays de

Gex, et lui avait confié le soin de ramener à toute la pureté des mœurs catholiques, cette population perpétuellement en contact avec l'élément protestant.

Le jeune missionnaire déploya tant de dévouement dans cette œuvre difficile, et y obtint des succès si remarquables, qu'il attira sur lui l'attention et l'estime de l'héroïque curé de Genève. L'incomparable M. l'abbé Vuarin désira avoir un tel ouvrier pour travailler à côté de lui au sein de la Rome protestante, et il regarda comme une bénédiction du Ciel de l'avoir pu obtenir, en qualité de vicaire.

C'est dans l'exercice de tous ces emplois, et au milieu de ces glorieuses luttés, que le Seigneur avait préparé M. Camelet à sa future mission. Faut-il être étonné si, à la mort de M. Mury, Mgr Devie ne trouva pas de sujet plus digne de lui succéder, et le nomma supérieur ?

En prenant possession de sa nouvelle charge, M. Camelet trouvait un noyau de missionnaires suffisant pour opérer quelque bien. Déjà même, depuis environ deux ans, la nouvelle famille s'était assez multipliée pour rendre embarrassant son séjour dans le grand séminaire de Brou. L'autorité diocésaine avait dû lui assigner un local plus spacieux et l'avait envoyée au magnifique Établissement des Prêtres retraités, au château de Pont-d'Ain. Mais malgré cet état de prospérité, l'œuvre péchait doublement par la base et possédait peu de garanties d'avenir.

Ainsi, elle n'avait pas de constitutions approuvées par l'évêque, et manquait, par conséquent, de cette vie organique qu'une législation sage et forte peut seule donner à un corps moral. Une autre anomalie, qui n'offrait pas moins de périls, c'est que la société n'avait aucun revenu assuré, et pesait tout entière sur la caisse diocésaine. C'était là, tout le monde le comprend, un obstacle presque absolu à son développement, car si, d'un côté, la sainteté de l'œuvre touchait les cœurs généreux et les invitait à entrer dans son sein, de l'autre, les ressources trop limitées dont l'autorité pouvait disposer, la forçaient, malgré elle, à n'admettre qu'un nombre fort restreint de sujets.

Il était évident dès lors qu'un jour viendrait où les seuls infirmes et les vieillards usés par les travaux de l'apostolat, suffiraient pour absorber les petites rentes affectées à l'entretien de la société.

Mais au moment marqué par la divine Providence, deux hommes se levèrent pour conjurer cette double cause de ruine : M. l'abbé Camelet et le Curé vénérable d'Ars. Le premier, en qualité de supérieur, s'occupa de la partie législative et dressa des constitutions pleines de sagesse; le second, comme caissier de la charité chrétienne, constitua des fonds suffisants pour assurer l'existence temporelle de l'œuvre. Il ne paraît pas cependant que ces deux hommes se soient concertés entre eux pour concourir à un si beau résultat. Ils ont travaillé chacun de leur côté, et comme ils étaient les fidèles instruments de Dieu, quand ils ont eu accompli leur tâche, ils se sont rencontrés dans la plénitude de son dessein.

M. l'abbé Camelet, en formulant le petit code de lois

qui, depuis plusieurs années, régit la société, n'a eu d'autres vues que celles des Saints. La pureté de son zèle resplendit surtout dans le préambule dont il a fait précéder ce remarquable travail. On croirait, en le lisant, avoir sous les yeux des pages écrites par les hommes apostoliques les plus éminents de ces derniers temps.

Ainsi que saint Léonard de Port-Maurice, il veut « que ses missionnaires adoptent toujours dans leurs Ins- » tructions un genre simple, plein de cœur, et surtout » pratique ; qu'ils travaillent à se détacher d'eux-mêmes, » à faire le bien pour Dieu, et pour Dieu seul ; à mé- » priser et à fuir, autant qu'il est en eux, les occasions » de paraître avec éclat et d'attirer quelque bruit autour » de leur nom. »

Il poussa plus loin encore l'esprit apostolique, et, à la suite de saint Vincent de Paul et de saint Alphonse de Liguori, il leur prescrit « de rechercher les Missions » obscures, de se plaire à évangéliser les pauvres, et de » s'attacher de préférence aux paroisses de campagne où » Notre-Seigneur est moins connu et moins servi. »

Le salut des paroisses pauvres et abandonnées a été, durant toute sa vie, la préoccupation de M. Camelet, et afin que ses missionnaires ne pussent jamais le perdre de vue, il en a fait une mention spéciale dans la formule du vœu temporaire qu'ils doivent tous prononcer entre les mains de l'évêque diocésain.

Il était impossible que deux hommes tels que M. Camelet et M. Vianney ne s'appréciassent pas mutuellement, et ne s'unissent pas entre eux de la plus étroite.

amitié. M. Camelet était pénétré d'une profonde vénération pour l'homme de Dieu, et l'entourait de tous les égards qu'un fils affectueux peut témoigner au plus tendre des pères.

Avant d'entreprendre une mission, il la lui recommandait avec les plus vives instances, et après qu'elle avait été faite, il lui en rendait compte, et lui attribuait la plus large part du succès : « Mon cher monsieur le » curé, lui écrivait-il le 6 février 1854, voilà la sexagé- » sime qui approche, époque où, comme vous le savez, » doit s'ouvrir la mission de Meximieux. Permettez-moi » de vous rappeler la promesse que vous avez bien voulu » me faire de recommander cette mission à Dieu, d'une » manière particulière. Ayez la bonté d'être *Moïse* sur la » montagne, pendant que nous nous efforcerons d'être » *Josué* dans la plaine. Vous serez ainsi le principe des » succès que le bon Dieu nous permettra d'obtenir, et, » à ce titre, vous aurez la première part du mérite.

» Je compte donc sur votre charité qui m'est bien » connue, et sur votre attachement pour moi dont vous » m'avez donné des preuves que je n'oublierai jamais. »

A peine eut-il clôturé la Mission qu'il se hâta de lui en donner des nouvelles, et de le remercier du succès de ses bonnes prières. « Avant-hier, mercredi, lui écrivait- » il le 24 mars, nous avons terminé la mission de » Meximieux avec un succès auquel j'étais loin de m'at- » tendre. Il y a eu un ébranlement général, surtout parmi » les notables du pays. Après avoir remercié Dieu, l'au- » teur de tout bien, il est juste de ne pas oublier celui

» qui, par ses prières, a si puissamment contribué au suc-
» cès obtenu. Je viens donc vous remercier aussi, mon
» bien cher monsieur le curé ; prenez une large part du
» mérite de la bonne œuvre, vous y avez droit ; elle est à
» vous, bien à vous. »

M. Vianney, de son côté, répondait à une amitié si
dévouée et si cordiale avec toute l'ardeur de son cœur
de saint. Nous voyons même, par la correspondance de
M. Camelet, qu'il lui obtenait des faveurs toutes particulières. « Pendant la retraite que j'ai prêchée à Ars,
» lui dit-il, j'ai reçu, par l'intermédiaire de vos ferventes
» prières, une grâce personnelle dont les bons effets se
» font toujours sentir. Je crois vous en avoir parlé en
» me confessant à vous. Si vous l'avez oublié, je vous en
» parlerai de nouveau à la première visite que j'aurai
» l'honneur de vous faire. »

Ces rapports de vive et sainte amitié existaient depuis
longtemps entre les deux serviteurs de Dieu ; ils ache-
vèrent de devenir tout à fait intimes à l'époque où
Mgr Chalandon se détermina à donner pour auxiliaires à
M. Vianney, les missionnaires du Diocèse. Dès lors, le
saint Curé adopta comme sienne la famille apostolique, et
les heureux membres qui la composaient s'habituèrent à
regarder comme leurs pères et M. Camelet et M. Vianney.

Pour M. Camelet, il se considéra toujours comme
l'enfant spirituel de M. Vianney, et l'on peut affirmer,
sans hésiter, qu'une des plus douces préoccupations de
sa vie a été de profiter de toutes les occasions pour lui
donner des marques de sa piété filiale. Le premier Mis-

sionnaire qu'il plaça à côté du saint Curé fut M. l'abbé Toccanier, et le choix était heureux, car, réunissant à la fois un fonds de dévouement inépuisable et une fermeté de volonté à l'épreuve de toutes les contradictions, le nouvel auxiliaire portait en lui toutes les qualités nécessaires pour soutenir l'homme de Dieu dans les rudes fatigues d'un apostolat de jour et de nuit, et pour conduire plus tard ses œuvres à leur terme.

Les recommandations que lui faisait M. Camelet, pendant qu'il occupait le poste d'honneur qu'il lui avait assigné, prouvent toute la tendresse du cœur de ce digne supérieur, et révèlent l'âme d'un saint.

« Montrez-vous digne, lui écrivait-il, de la confiance que nous vous avons témoignée. Regardez-vous comme le représentant de notre société qui doit beaucoup à M. le curé, et qui veut se montrer reconnaissante par vous. Par conséquent, attachez-vous à lui, entourez-le d'égards, d'attentions, de témoignages de respect et de vénération. Qu'il sache, qu'il comprenne que vous l'aimez ; que vous êtes là pour lui adoucir les amertumes de la vie et les infirmités de la vieillesse. Je serai toujours très-heureux de recevoir de vos nouvelles et d'apprendre tout ce que vous ferez pour le bien. »

M. l'abbé Toccanier entra si complétement dans les vues de son vénéré supérieur qu'il devint le soutien et la consolation de l'homme de Dieu, au point que celui-ci ne pouvait plus, pour ainsi dire, se passer de sa présence. Lorsque, à l'époque du choléra, il revint de Seyssel, où il avait été retenu longtemps, le saint Curé lui dit, en

lui ouvrant les bras : « Ah ! mon ami, vous voilà, quel
» bonheur ! J'ai pensé souvent que les réprouvés doivent
» être bien malheureux d'être séparés de Dieu, puisque
» déjà on souffre tant de l'absence de ceux qu'on aime. »

M. Toccanier fut d'abord seul auxiliaire, à poste fixe,
auprès du saint Curé, mais il n'était pas seul à lui prêter
le concours de son zèle. M. Camelet avait soin d'envoyer
à Ars tantôt l'un, tantôt l'autre de ses missionnaires pour
se mettre à la disposition de l'homme de Dieu et le sou-
lager dans ses accablantes fatigues. Dès cette époque, Ars
était devenu une succursale de Pont-d'Ain, et un logement particulier avait dû être affecté à l'usage des Missionnaires.

Le digne supérieur, en venant en aide au saint prêtre,
n'avait en vue que de seconder son zèle, et de lui prêter
main-forte dans les saintes batailles qu'il livrait au nom
du Seigneur. Mais Dieu, qui se plaît à arriver à ses fins
par des voies inconnues à la prévoyance humaine, allait
se servir de son dévouement pour ménager la dotation de
sa société et garantir sa stabilité future.

Dans son contact journalier avec les Missionnaires,
M. Vianney avait été à même de les apprécier et de se
rendre compte de tout le bien que leur établissement définitif permettrait aux paroisses du diocèse d'espérer légi-
timement. La perspective de si précieux avantages pour
les âmes, toucha vivement ce cœur éminemment apostolique, et lui inspira la pensée de les leur assurer à tout
jamais.

On venait alors de disperser ses chères orphelines de la

Petite Providence. Par suite de cette mesure administra-
tive, il pouvait affecter à telle œuvre qu'il lui plairait les
fonds abondants qu'il consacrait auparavant à l'entretien
de cette grande famille. Il adopta l'œuvre des Missions,
et il s'y affectionna à un tel point qu'un jour il alla jusqu'à dire : « J'aime tant les Missions que, si j'avais le
malheur d'être réprouvé et qu'un sentiment de joie fût
possible en enfer, je tressaillirais d'allégresse en pensant
que ces Missions seront la porte du Ciel pour un grand
nombre d'âmes. »

Par une combinaison singulièrement heureuse, il pourvut tout à la fois à la dotation de la société des Missionnaires diocésains, et au salut particulier des paroisses
dont la sanctification lui tenait le plus à cœur. Pour cela,
il réunissait la somme de deux mille francs et la déposait
entre les mains de l'autorité diocésaine, à la charge pour
elle de la placer sur l'État, et d'affecter la rente qui en
revenait à faire, tous les dix ans, les frais d'une mission
dans telle paroisse désignée par le supérieur des missionnaires. Il assura ainsi, à plus de cent paroisses, le bienfait d'une mission décennale et la subsistance de la
société qui devait la donner.

En effet, par suite de cette création ingénieuse, les curés des paroisses où sont fondées les missions sont
dédommagés des frais de nourriture et l'entretien et le
modique traitement des missionnaires cessent d'être à la
charge de la caisse diocésaine.

Ce genre de fondations a paru si précieux que plusieurs
personnes charitables l'ont continué, et aujourd'hui le

nombre des Missions s'élève au moins au chiffre de cent trente.

Ainsi, pendant que M. Camelet venait en aide au saint Curé et le secondait dans la conquête des âmes, lui, de son côté, assurait la nourriture et le vêtement à sa famille, et garantissait l'avenir de l'œuvre tout entière. Les missionnaires de Belley ont donc raison de regarder M. Vianney comme leur Père, et l'héritage des saintes œuvres qu'il a laissées, comme leur revenant de droit. Personne, au reste, ne le leur a contesté, et quand le Serviteur de Dieu eut passé à une meilleure vie, ils se sont trouvés constitués gardiens de son précieux tombeau comme d'un bien de famille.

Après la mort de M. Vianney, M. l'abbé Camelet lui fut donné pour successeur, et il a gardé le titre de curé d'Ars jusqu'au mois de mars 1869. Mais à cette époque, ayant été frappé d'une maladie violente pendant qu'il donnait une mission à Saint-André-d'Huiriat (Ain), il y succomba, et alla recevoir, à l'âge de cinquante-neuf ans, la récompense de trente-quatre ans d'apostolat et d'épreuves de tous genres saintement supportées. La famille spirituelle du vénéré défunt se consola de sa douloureuse perte en mettant à sa tête, comme supérieur général, M. l'abbé Descôtes, son plus ancien compagnon d'apostolat, et le plus propre à en conserver la mémoire vivante parmi eux.

En même temps, Mgr l'Évêque de Belley arrêta que la cure d'Ars serait toujours administrée par la société des Missionnaires; mais afin que les habitants de cette paroisse

ne fussent point privés de la présence de leur curé, le
titre devait toujours être donné à un missionnaire rési-
dant dans la paroisse. M. l'abbé Toccanier, premier
auxiliaire de M. Vianney, son vicaire pendant de longues
années, vicaire administrateur sous M. Camelet, se trouvait tout naturellement désigné au choix des supérieurs.
L'enthousiasme que la population fit éclater le jour de son
installation, montra combien cette nomination était conforme aux vœux de tous.

CHAPITRE V

Projet d'érection d'une église splendide en l'honneur de sainte Philomène.
— Le saint Curé, au lit de la mort, prédit le succès de l'entreprise. —
L'église s'élève au milieu de graves obstacles. — Le nom du Serviteur de
Dieu et le nom de sainte Philomène s'unissent sur toutes les lèvres, le
jour de la consécration de la nouvelle église.

Cependant il me tardait de contempler à l'aise et dans
tous ses détails cette coupole dont l'aspect m'avait si
vivement frappé, au moment où je touchais le sol béni
du pèlerinage d'Ars ; aussi j'acceptai avec empressement
l'offre qui me fut faite de la visiter dans toutes ses
parties.

Déjà je connaissais l'origine de ce précieux sanctuaire.
Elle remonte, comme tout ce que l'on admire ici, à des
faits prodigieux. Un jour, une pauvre mère se jeta aux
pieds du Serviteur de Dieu et lui présenta sa fille, déjà
affectée d'une ophthalmie avancée, et prochainement me-
nacée d'une cécité complète. La scène était émouvante et
rappelait celle de la Chananéenne décrite dans les saints
Évangiles. Le saint Curé promena sur la malade un de
ces regards doux et sympathiques qui étaient toujours le
présage d'une faveur assurée. Il s'adressa ensuite à la
mère, et lui dit : « Faites une neuvaine à sainte Philomène et elle guérira. » Cette femme se releva joyeuse, et
quoique rien ne se fût encore amélioré dans l'état de son

enfant chérie, elle la considéra déjà comme guérie. La neuvaine commença, et la malade recouvra, en effet, une vue parfaite.

La mère ne fut point ingrate. Ivre de bonheur, à la suite de la grâce obtenue, elle prend dans ses épargnes tout ce dont elle peut disposer, et repart pour Ars, afin de témoigner sa reconnaissance au Serviteur de Dieu et à la glorieuse Thaumaturge. Elle n'est pas riche, et cependant elle se montre large et généreuse. Elle fait présent à la Sainte d'un voile magnifique, mais il lui reste encore quelque chose de la somme qu'elle a vouée, et elle ne veut rien emporter de ce qu'elle a résolu de donner à Dieu.

Ne pouvant aborder le saint Curé, alors cerné par les rangs pressés d'une foule compacte, elle s'adresse à M. l'abbé Toccanier, son vicaire, et lui dit : « Voilà vingt francs qui me restent encore, veuillez les remettre à M. le Curé, et qu'il en fasse l'usage que l'esprit de Dieu lui inspirera. — Vos intentions seront remplies, répond le prêtre ; il est probable que cette petite somme fera la boule de neige, et qu'elle va devenir le principe d'une somme bien plus grande destinée à la construction d'un riche autel dédié à sainte Philomène. »

Le saint Curé, en effet, de plus en plus touché des faveurs sans nombre dont *sa petite Sainte* ne cessait de le combler, avait résolu de lui ériger un autel splendide qui restât comme un éternel monument de sa reconnaissance. M. Toccanier, confident de ses pieux secrets, saisit cette occasion pour entrer dans ses vues, et en commencer la réalisation. Il se présente à lui sans différer, et lui dit : « Monsieur le Curé, voici une petite somme que l'on vous offre ; si vous me le permettez, je la garde et en fais le levain de la somme nécessaire pour ériger un superbe autel à sainte Philomène. Afin de réussir dans cette entreprise, je ne vous demande que deux choses : votre permission et votre bénédiction. » A cette ouverture inattendue, l'austère visage de l'Homme de Dieu se dilate, son œil s'illumine, et il répond, avec un sourire qui marque tout son bonheur : « O mon ami, vous avez ma permission et ma bénédiction ! je vous accorde l'une et l'autre de bien grand cœur. »

Sans perdre de temps, M. Toccanier monte en chaire, et annonce qu'il ira, de maison en maison, dans tout le village, présenter une souscription dans le but d'ériger un somptueux autel à la glorieuse Sainte. A cette nouvelle, tous les visages s'épanouissent et présagent le plus favorable accueil. La souscription circule, et qui le croirait ? Dans cet humble village, de cinq cents âmes, les quelques heures qui s'écoulèrent depuis l'issue des vêpres jusqu'au soir, suffirent pour réunir la somme relativement énorme de dix-huit cents francs !...

Il y eut des traits d'une incomparable générosité. Les pèlerins qui fréquentent le village d'Ars ont probablement aperçu un jeune homme, âgé de vingt-cinq à trente ans, horriblement infirme. Il est cul-de-jatte, et ne peut faire quelques pas qu'en se traînant sur une planche, à l'aide de ses mains armées de sabots. Mais s'il est mal partagé du côté du corps, il est amplement dédommagé du côté de l'âme par les sentiments de piété dont il est rempli. Il est ouvrier cordonnier, et il déploie, dans l'exercice de sa profession, une surprenante activité.

Au moment où M. Toccanier passa chez son patron, pour lui présenter la liste de souscription, Étienne (c'est ainsi qu'on l'appelle) ne s'y trouvait pas. Mais à peine le zélé vicaire est-il rentré chez lui, qu'il entend le bruit de la planche et des sabots et il voit arriver Étienne, qui s'excuse poliment de son absence, en disant qu'il vient apporter son petit appoint à la somme déjà recueillie. En même temps, il offre un bouton d'or : « Il m'a coûté dix-neuf francs, dit-il, je l'ai acheté autrefois, c'est une folie, le voilà, je vous le donne. » — Il plonge ensuite la main dans son gousset, et il en tire cinq beaux écus!... vingt-cinq francs qu'il offre encore. M. Toccanier, ému jusqu'aux larmes, se récrie : « Non, non, le bouton d'or, à la bonne heure, je l'accepte, c'est un objet de luxe, vous le donnez à Dieu, c'est bien ; mais votre argent, gardez-le. Vous n'êtes pas riche, il vous est nécessaire. »

A ces mots, le généreux infirme sourit, et ajoute : « Oh! monsieur, acceptez tout sans crainte. J'ai de mauvais pieds, il est vrai, mais en revanche, j'ai de bonnes mains, et je gagne aisément ma vie. D'ailleurs, j'ai cinquante francs de rente, et tous les ouvriers n'en possèdent pas autant. — Eh bien soit, reprend le prêtre, j'accepte au nom de sainte Philomène ; mais à la condition expresse que, si jamais vous avez besoin de cette somme, vous viendrez la reprendre dans ma propre bourse. »

Cette touchante scène finie, M. Toccanier court auprès

du saint Curé lui raconter ce trait d'héroïque générosité.
A ce récit, l'homme de Dieu s'attendrit, et levant au Ciel
ses yeux remplis de larmes, il s'écrie : « Ah ! c'est bien
la volonté de Dieu que cet autel se fasse, car il n'y a que
lui qui puisse inspirer un tel degré de désintéressement. »

Au comble de la joie, M. Vianney félicite ses paroissiens sur leurs pieuses libéralités, et mande auprès de lui
M. Bossan, architecte, et M. Cabuchet, sculpteur, tous
deux amis du saint Curé, et maîtres éminents, chacun
dans sa partie. Il leur commande lui-même l'autel et les
bas-reliefs qui doivent le décorer.

Mais là ne s'arrêta pas le zèle de M. Vianney, l'étonnant succès de la souscription lui inspira un dessein bien
plus grand ; il crut alors qu'il serait possible d'élever non-
seulement un autel à *sa chère petite Sainte*, mais un sanctuaire tout entier. Ce fut en ce moment que, prenant la
plume, il ouvrit lui-même une nouvelle liste, s'obligea
personnellement pour la somme de mille francs, et écrivit
ces paroles si connues, qui ont fait couler, pour ainsi dire,
un ruisseau d'or en faveur de son œuvre chérie : « *Je
prierai le bon Dieu pour ceux qui m'aideront à bâtir une
belle église à sainte Philomène.* »

La divine Providence voulut d'abord éprouver l'auteur
d'une si belle entreprise, et permit qu'on lui suscitât des
obstacles imprévus. Il conçut le projet d'une loterie, mais
le gouvernement refusa de l'approuver. Ce premier échec,
bien que pénible, était pourtant facilement réparable : il
y avait tant d'âmes généreuses qui se faisaient un bonheur
de venir en aide au saint Curé, en versant leur superflu

dans ses mains charitables! La souscription toute seule pouvait suffire aux frais de l'édifice projeté.

Mais voici que surgit un obstacle bien autrement grave: le Père de famille, satisfait des longs et fructueux labeurs de son infatigable ouvrier, avait ordonné à l'Ange de la mort de le lui amener pour le faire jouir enfin du repos si glorieusement conquis !

Lorsque M. Toccanier s'aperçut que l'homme de Dieu allait prendre son essor vers la patrie céleste, il regarda le projet du sanctuaire comme renversé par sa base. Dans la douleur qu'il en ressentit, il se pencha vers l'oreille du saint mourant, et lui dit : « Mon Père, c'en est donc fait » du projet de notre belle Église?... Le gouvernement » refuse d'approuver une loterie, le bon Dieu vous ravit » à l'affection de vos enfants : inutile d'y penser encore! » A ces mots, le bon Curé soulève lentement les yeux, fixe un regard qui brille encore sur son collaborateur de pré-dilection, et lui dit : « Courage, mon ami, vous réus-» sirez! » M. l'abbé Toccanier recueille avec joie ces précieuses paroles, et les enfermant pieusement dans son cœur, il en fera désormais le mobile de toute sa conduite, le trésor de force où il puisera résolûment le courage au jour de l'accablement et de la contradiction.

« Le Saint a dit que je réussirai, se répétait-il à lui-même, je n'ai qu'à me montrer constant, et infaillible-ment je viendrai à bout de l'entreprise. »

M. Vianney avait à peine fermé les yeux, que déjà son intrépide vicaire parle d'élever le temple splendide, objet de tous les vœux du vénérable défunt. Ainsi qu'il arrive toujours en face d'une œuvre importante, les esprits s'agitent, s'inquiètent; de toutes parts, on fait parvenir des avis prudents, des conseils timides. Dans ce projet, jadis approuvé de tous, on ne voit plus alors qu'une entreprise téméraire ; il n'est plus question que de difficultés insurmontables.

M. Toccanier, ému par toutes ces observations, dont quelques-unes partaient de haut lieu, résolut d'interroger le Ciel et de lui demander un signe : agenouillé sur le tombeau du saint prêtre, il s'offrit à Dieu pour travailler à son œuvre, et termina en disant : « Du vivant du saint Curé, le gouvernement a refusé d'approuver une loterie de cinquante mille francs ; si, maintenant qu'il n'est plus, il en approuve une de cent mille, je verrai en ceci la volonté du Ciel, et je ne compte plus pour rien les appréhensions et les obstacles. » Le Ciel récompensa cet acte de foi sublime dans sa simplicité, et le gouvernement, contre la prévision des hommes prudents, approuva la loterie de cent mille francs.

Une fois possesseur d'une concession si précieuse, le zélé vicaire ne pense plus qu'à la faire valoir.

Il sait bien que le moyen le plus efficace de convertir ses deux cent mille billets en argent sonnant c'est d'aller les offrir de ville en ville, à toutes les personnes restées fidèles au souvenir du saint Curé d'Ars. Quelle corvée accablante que celle-là ! Mais désormais il voit son but, et rien ne l'empêchera d'y parvenir.

Il s'associe M. l'abbé Ball, dont la foi est égale à la sienne, et le voilà parti en pèlerin, ou plutôt en quêteur, résigné à supporter toutes les amertumes attachées à ce rude métier. Toutefois, il est plus heureux qu'il n'osait l'espérer, il est vrai qu'il éprouve des rebuts, pourrait-il en être autrement? Mais aussi il rencontre de nombreuses et consolantes sympathies.

Ici encore nous aurons des traits touchants à raconter. Une dame de Marseille, ayant appris l'arrivée des missionnaires quêteurs, voulut mettre à l'épreuve la générosité de ses deux petites filles, dont l'aînée pouvait avoir environ six ans. « Mes enfants, leur dit-elle, je vais voir si vous aimez sainte Philomène, votre glorieuse protectrice. Je vous ai fait présent à chacune d'une chaîne d'or; ayez le courage de renoncer à cette parure, et offrez-la aux missionnaires pour contribuer à élever leur chapelle d'Ars. »

A cette proposition inattendue, l'aînée des deux enfants porte une main à son front, et penchant la tête, demeure quelques instants dans l'attitude d'une personne qui réfléchit profondément. Puis tout à coup, elle s'écrie : « Oui, maman, tiens, la voilà ! » et détachant vivement sa chaîne, elle la jette énergiquement dans les mains de sa mère. A cette vue, la plus petite retire aussi la sienne, et la donne avec le même élan de cœur que sa sœur aînée. L'heureuse mère, toute fière de voir déjà dans ses filles des sentiments généreux, leur révèle alors son intention secrète. « Mes enfants, leur dit-elle, j'ai voulu seulement vous mettre à l'épreuve. Reprenez-vos chaînes d'or, vous êtes dignes de les porter. Sainte Philomène n'y perdra rien, je vais lui offrir la somme que m'ont coûtée vos chaînes. —Non, maman ! non, maman ! s'écrient, en même temps les deux petites filles; nous avons donné nos chaînes, nous ne les reprendrons plus. » Et, en effet, elles n'eurent de repos que quand leur mère eut jeté les deux bijoux dans la bourse des bons prêtres quêteurs, qui les reçurent en pleurant d'attendrissement.

Des traits plus ou moins analogues se renouvelèrent cent fois. Pour le prouver, il suffit de dire qu'il y a eu plus de quatre cents lots en or, offerts de la sorte, et consistant en montres, chaînes, bracelets, pendants d'oreilles, etc.

On parvint à placer non-seulement les deux cent mille billets, mais encore une émission supplémentaire de quarante mille autres destinés à couvrir les frais de voyage et à parer au déficit important de vingt mille francs de lots offerts aux acquéreurs des deux cent quarante mille billets.

Toute cette immense opération se trouvait réalisée le 1er mai 1862. En ce jour, à jamais mémorable dans les annales du pèlerinage d'Ars, M. Toccanier reçut la plus douce récompense de sa foi, car il versait à la caisse du percepteur de Trévoux la somme considérable de cent mille francs, bénéfice net de ses pérégrinations à travers tous les départements de la France; il assistait au tirage de la grande loterie, et enfin il voyait poser la première pierre du sanctuaire que nous admirons aujourd'hui.

A partir de ce moment la main des ouvriers, dirigée par un homme de génie, fait des prodiges d'activité; les murs s'élèvent, les pierres se polissent, la scuplture répand çà et là les plus nobles et les plus gracieux ornements. Les blocs de rocher se dégagent sous un habile ciseau et se transforment en colonnes sveltes et élégantes, en feuillages légers et pour ainsi dire flottants, en figures symboliques, pleines de grâce, d'harmonie et de leçons salutaires.

Dès le commencement de l'année 1865 le sanctuaire était prêt à recevoir la consécration épiscopale, mais on renvoya l'accomplissement de cette solennité au 4 août, jour anniversaire de la sainte mort du vénérable Curé d'Ars. L'édifice qu'il s'agissait de sanctifier s'était élevé au souffle des bénédictions de l'homme de Dieu; n'était-il pas juste d'attendre, pour l'inaugurer, un jour qui rappelât plus particulièrement sa mémoire, afin que l'on pût, durant toute la fête, exalter ensemble deux noms que Dieu, pendant de si nombreuses années, s'était plu à consacrer aux yeux du monde entier, en les unissant dans l'opération d'une multitude de prodiges?

Sainte Philomène ! le saint Curé d'Ars ! Est-il possible désormais de séparer ces deux noms chéris qui paraissent s'accorder plus harmonieusement encore dans ce beau jour du 4 août 1865, car ils s'exhalent comme un parfum de toutes les lèvres?

Ces deux noms bénis s'échappent ensemble comme un concert grave et solennel des lèvres du premier magistrat du pays, le noble et généreux comte des Garets, l'ami du saint Curé, l'ardent protecteur de ses œuvres, l'homme vigilant qui épiait tous ses besoins et y pourvoyait en père.

Il harangue l'évêque consécrateur et lui adresse la parole
au nom de l'édilité locale :

« Monseigneur,

» Permettez au vieil ami du saint Curé d'Ars d'être en
ce moment l'interprète des sentiments qui eussent débordé
de son cœur, en un pareil jour, s'il lui avait été donné de
le contempler avec nous sur la terre.

» C'est en son nom, toujours plus vivant, toujours plus
cher et plus respecté parmi nous, que je vous remercie,
Monseigneur, de l'honneur que votre présence et la
grande cérémonie qui s'apprête vont rendre à la glorieuse
Thaumaturge qui fut le touchant et perpétuel objet de son
culte.

» Puisse, Monseigneur, notre Saint veiller du haut du
Ciel sur notre petite commune, conserver à ses habitants,
qu'il aimait tant, les sentiments de foi, de charité et
de dévouement qu'il leur avait inspirés par sa parole et
par ses exemples !

» Puisse-t-il aussi, Monseigneur, protéger votre diocèse et inspirer à tous les sentiments qui font la consolation et le bonheur d'un évêque ! »

Sainte Philomène ! le saint Curé d'Ars ! Ces deux noms
bénis s'échappent ensemble comme deux traits de flamme
des lèvres apostoliques du digne et vénéré M. Camelet,
supérieur des missionnaires du diocèse de Belley et successeur immédiat de l'homme de Dieu dans la charge
autrefois si humble et maintenant si relevée de Curé de la
paroisse d'Ars. A son tour il dit :

« Monseigneur,

» J'éprouve une profonde émotion de bonheur à vous
adresser la parole ici et dans ce moment. Vous allez consacrer un sanctuaire, remarquable par cette beauté d'ensemble et de détails qui éclate aux yeux de tout le monde,
remarquable encore par son originalité singulière, fort
surprenante dans un art qu'à bon droit on pouvait croire
épuisé au service de Dieu, remarquable enfin par les circonstances qui ont concouru à son édification.

» Une église ne se bâtit jamais qu'au milieu de difficultés de tous genres. Pour celle-ci, elles étaient particulières et revêtaient un caractère exceptionnel. Il fallait un
monument digne de la Thaumaturge de ces lieux à qui il
devait être dédié, digne de la mémoire de M. Vianney qui
l'avait voulu, digne de la foi des habitants d'Ars, digne
des sentiments de vénération et de confiance sans bornes
qui amènent tous les jours, sur le tombeau de notre bien-
aimé Père et aux pieds de sainte Philomène, un concours
si considérable de personnes de tout rang, de tous les âges
et de tous les pays... »

Plus loin, M. Camelet s'écrie :

« O saint Vianney ! O sainte Philomène ! deux noms
à jamais inséparables, deux âmes si bien faites pour se
comprendre et s'aimer, gloire, gloire à vous ! et par vous,
à Dieu seul ! Nous vous remercions de n'avoir pas été
jugés indignes de faire pour vous quelque chose sur la
terre !.... »

Sainte Philomène ! le saint Curé d'Ars ! Ces deux noms bénis s'échappent comme un fleuve de tendresse des lèvres sacrées de l'auguste Pontife, Mgr Girault de Langalerie, évêque de Belley. Ce digne prélat d'un saint prêtre, d'un thaumaturge, d'un homme suscité par Dieu pour rendre croyables à la génération du xix siècle les prodiges les plus éclatants des âges antiques, s'avance accompagné de son grand vicaire, à la suite de plus de cent prêtres accourus de presque tous les diocèses de la France, et au milieu d'une multitude considérable de pèlerins de tous les pays, échelonnés sur son passage, et inclinés sous ses bénédictions. Arrivé au pied de cette croix où, six ans auparavant, s'était arrêté le cercueil du Curé d'Ars, il se recueille un moment, puis, debout, la mitre en tête, et la crosse à la main, il élève la voix et dit :

« Il y a six ans, à pareil jour, sur le même emplacement, entouré d'une foule émue, nous épanchions notre âme en présence de la dépouille mortelle de celui qui a donné à la paroisse d'Ars une célébrité désormais impérissable. Aujourd'hui nous pouvons annoncer à l'auditoire sympathique et nombreux qui nous environne, l'accomplissement de la première phase des formalités si sévères et si multipliées par lesquelles l'Église a voulu garantir la glorification de ceux qu'elle place sur ses autels. Nous avons remis nous-mêmes à la Congrégation des Rites toutes les pièces de la procédure, après avoir demandé la bénédiction du Saint-Père. Nous osons dire que, quelle que soit l'issue de cette grande affaire, les témoignages recueillis devant le tribunal constitué par l'évêque, resteront comme un durable monument destiné à glorifier Dieu et son Église par le récit véridique des vertus éminentes dont la grâce divine a été le principe. Et voici qu'un autre monument est placé en ce moment devant nous, nous sommes venus pour le bénir, le consacrer. C'est une église, ou plutôt un gracieux et splendide sanctuaire, formant comme une couronne à l'ancienne église, à cette vieille église d'Ars où, pendant près de quarante ans, le saint Curé exerça d'une manière si admirable tous les actes du ministère pastoral. Sous l'élégante coupole, s'élève un autel à sainte Philomène, attirant les regards et captivant l'admiration par la richesse de sa matière, par la beauté suave et pure de sa conception, par la délicatesse et le fini de ses sculptures.

» Une église, un sanctuaire à sainte Philomène ! le saint Curé en avait eu la pensée, en avait exprimé le désir. Ce désir et cette pensée sont réalisés aujourd'hui, grâce à la vénération qu'inspire le Serviteur de Dieu à des milliers de fidèles. Ce n'est pas une paroisse, pas même un diocèse, c'est la France, c'est en quelque sorte le monde entier, comme le disait, il y a un instant, notre cher supérieur des missionnaires, qui ont contribué à élever ce splendide monument... »

L'auguste orateur distribue ensuite des bénédictions et des éloges à tous ceux qui ont concouru à l'érection et à la décoration du sanctuaire. Puis, tout à coup, son cœur de Pontife et de père s'émeut, et il le répand

tout entier dans ces effusions si affectueusement touchantes :

« Venez, mes bien-aimés frères, venez, paroissiens
d'Ars, si fidèles au souvenir de votre ancien pasteur,
habitants des paroisses voisines, vous tous accourus peut-
être de contrées lointaines, venez, assistez joyeux, empressés, recueillis à cette fête de famille ; venez tous, car
tous vous y avez votre part. Laissez pourtant la première
place à ceux qui pleurent, à ceux qui souffrent, à ceux
qui auraient quelque grâce insigne à demander au saint
Curé ; il était si bon ! si compatissant ! Il me semble le
voir, le sourire aux lèvres, les larmes dans les yeux,
quelques sanglots dans la voix, vous demander, comme
le Sauveur, de laisser venir à lui de préférence ceux qui
seraient chargés et accablés par le fardeau de la souffrance ou de la tristesse, afin qu'il les soulage. O admirable, ô touchant spectacle ! votre charité, mes frères
bien-aimés, vos ferventes prières, les larmes de quelque
pauvre pécheur revenu à Dieu et perdu dans la foule,
l'explosion de reconnaissance de quelque pèlerin qui
sentira ses demandes exaucées, seront le plus bel orne-
ment de cette fête si bien préparée par les bons habitants
d'Ars, par nos excellents frères de la Sainte-Famille, par
nos chères filles de Saint-Joseph.

» O mon Dieu ! tout n'est pas fini ; le nouveau sanctuaire
doit s'embellir encore ; bien des formalités doivent s'accomplir pour la grande œuvre de la canonisation ; que
tout marche en même temps vers une heureuse solution !
Nous la hâterons de nos vœux, de nos prières, de nos

efforts, de nos sacrifices. Après les joies que nous réserve ce grand jour du complet achèvement et du dernier triomphe, nous n'aurons plus rien à demander à la terre ; tous nos vœux se tourneront vers le Ciel, où le saint Curé nous attend.

» Il nous aidera tous à y monter, j'espère, afin de nous récompenser d'avoir travaillé pour lui ; car en travaillant pour la glorification du saint Curé, nous ne voulons, n'est-il pas vrai, mes frères? que la gloire de Dieu, l'honneur de l'Église et le salut des âmes. Ainsi soit-il. »

Sainte Philomène! le saint curé d'Ars ! Ces deux noms bénis s'échappent ensemble comme un torrent de la plus haute éloquence des lèvres de l'éminent orateur[1] qui avait été choisi pour ajouter, à cette grande fête, la pompe salutaire de la parole sacrée.

« Dans la solennité de ce jour, s'écrie-t-il au milieu de son discours, il y a donc plus qu'une consécration d'église, c'est presque la canonisation d'un Saint. S'il ne nous est pas permis de prévenir le jugement infaillible de l'Église, il ne nous est pas défendu de donner un libre cours à nos espérances et à nos vœux. Oui, cette fête, il nous est permis de l'espérer, prélude à une autre fête encore plus solennelle, à une fête qui partira du Vatican et portera l'allégresse jusqu'aux extrémités du monde catholique. Les Saints ne meurent pas. Dans le langage liturgique, leur mort s'appelle le jour de leur nais-

----

1. Mgr Martin, protonotaire apostolique, vicaire général du diocèse d'Avignon.

sance, *natalis sanctorum*. La mission du Curé d'Ars est loin d'être finie. J'en prends à témoin ce concours de pèlerins chaque jour renouvelé, et chaque jour plus considérable.

» Ce concours serait-il aussi nombreux et aussi empressé, s'il n'avait pour principe des faveurs demandées et obtenues? Il réalise l'accomplissement de la prophétie : *Ubicumque fuerit corpus, illic congregabuntur et aquilæ.* Partout où le corps sera déposé, là se rassembleront les aigles.

» Les aigles! c'est-à-dire les âmes grandes et généreuses qui planent par leur foi dans les régions du monde surnaturel, ces âmes qui, par leurs vertus et leurs aspirations, s'élèvent sans cesse de la terre au ciel. Dans tous les lieux, et en remontant à la plus haute antiquité, à commencer par le tombeau du Saint des Saints, celui de Notre-Seigneur Jésus-Christ ; par le tombeau des saints apôtres Pierre et Paul ; toujours et partout nous voyons que les tombeaux des Saints ont été des centres d'attraction, qu'ils ont déterminé des courants par où se précipitaient les peuples. Ce que nous voyons à Ars s'accomplit à la Louvesc, à Pibrac, à Paray-le-Monial ; je ne parle que des pèlerinages les plus récents. L'Esprit-Saint ne nous a-t-il pas révélé que leurs ossements sont des semences, des germes d'immortalité! *Et ossa eorum pullulent de loco suo.* Confiez au sillon un grain de blé ; si ce grain, dit l'Évangile, tombe dans une bonne terre, il produira cent pour un. De même un corps saint, partout où il est déposé, devient une semence qui fait germer la sainteté, qui provoque une noble émulation, et fait dire à une foule de chrétiens encore indécis comme autrefois à Augustin : *Quod isti, quod istæ non potero ?* Pourquoi ne pourrai-je pas faire ce qu'un tel, ce qu'une telle a fait? Pourquoi ne pourrai-je pas me sanctifier au milieu des champs, à la suite des troupeaux, comme une Germaine Cousin? dans le cloître, comme une Marie Alacoque? dans le saint ministère, comme le Curé d'Ars?

» Et voilà ce qui nous explique pourquoi Dieu lui-même prend soin des ossements de ses Serviteurs, *custodit Dominus omnia ossa eorum;* comment, après les avoir laissés quelquefois dans l'oubli pendant des siècles, comme ceux de sainte Philomène, il les révèle en temps opportun pour ranimer la piété qui languit et la foi qui s'éteint. Ne voyez-vous pas revivre le corps de notre chère Sainte sur le marbre de cet autel, et ne dirait-on pas que Fra Angelico nous l'a envoyée du haut du Ciel, par la main des Anges qui la sauvent des eaux du Tibre ? »

» On comprend pourquoi, durant cette journée mémorable du 4 août 1865, ces nombreux pèlerins qui couvraient les places et inondaient les rues, étaient si heureux, pourquoi les transports de leur joie allaient jusqu'à un pieux excès. On faisait retentir de toutes parts à leurs oreilles le nom sympathique du saint Curé, et celui qu'il leur avait appris lui-même à redire avec tant d'amour, le nom de sa *chère petite Sainte*, de sainte Philomène! Pouvait-on imaginer, pour charmer tous les cœurs et exciter l'enthousiasme, un concert plus doux et plus harmonieux?... »

CHAPITRE VI

Idée que le Serviteur de Dieu s'était faite d'un sanctuaire en l'honneur de sainte Philomène, et manière admirable dont elle est exécutée. — Le style roman est transfiguré dans le nouvel édifice et revêt une beauté jusque-là inconnue. — L'église d'Ars est un poëme sublime où tous les arts viennent écrire de magnifiques pages.

Malgré le caractère pompeux et grandiose qu'avait revêtu la fête du 4 août 1865, sa splendeur n'était pas au-dessus du mérite du sanctuaire qui en était l'objet. La célèbre Thaumaturge du XIXe siècle a vu se dresser bien des autels en son honneur, de nombreux oratoires au sein desquels elle se plaît à verser les faveurs et les grâces sur les pieux fidèles qui la vénèrent ; mais nulle part on ne lui a encore érigé un monument si riche et si imposant.

L'inspiration qui pressa M. Vianney de confier à M. Bossan le plan du nouveau sanctuaire, lui est certainement venue du Ciel. L'idée qu'il voulait réaliser était à la fois pleine de grandeur, de poésie et de piété. En disant, dans son langage naïf, que son intention était de bâtir une belle église à sainte Philomène, il entendait désigner par là un beau idéal, une conception de l'art qui fût aussi éclatante que les vertus de l'héroïne qu'il s'agissait de glorifier.

Sainte Philomène était sa Sainte de prédilection, ils vivaient ensemble dans une familiarité sublime, et il ne lui avait jamais rien demandé qu'elle ne lui eût obtenu.

Le sentiment de céleste sympathie qui les unissait, allait si loin que le saint Curé pouvait user à volonté du crédit tout-puissant de sa chère médiatrice auprès de Dieu. Il lui était loisible de lui demander des miracles ou de la prier de suspendre pour un temps son intervention merveilleuse. Il y a là quelque chose d'admirable. Nous lisons dans les Annales de la Sainteté que, plus d'une fois, les supérieurs de ces hommes privilégiés, entre les mains desquels le Seigneur avait placé le pouvoir de commander à la nature, mettaient des limites à leur action, quoiqu'elle semblât ne devoir relever que de Dieu seul ; mais l'histoire nous montrera ici un Saint vivant qui commande à un Saint déjà glorifié, et lui fait, à son gré, accepter ses ordres ! Tel a été le crédit de M. Vianney sur sainte Philomène et la condescendance inouïe de sainte Philomène pour M. Vianney. Le fait est certain, et les témoins qui l'attestent sont encore vivants et en rendent hautement témoignage.

Depuis quelque temps, on ne voyait plus dans Ars de ces guérisons éclatantes qui causaient si souvent parmi les pèlerins des émotions indicibles. Le public étonné commença à se préoccuper de ce silence du Ciel ; on soupçonna quelque mystère. M. Toccanier, doué d'une habileté remarquable pour tendre des piéges innocents à son saint Curé, et l'amener, sans qu'il s'en doutât, à lui révéler de précieux secrets, l'aborde un jour et lui dit d'un air de simplicité qui dissimulait plus parfaitement encore sa pieuse ruse : « Monsieur le Curé, vous ne savez peut-être pas le bruit fâcheux, qui court sur votre compte.

On vous accuse d'avoir défendu à sainte Philomène de
faire de nouveaux miracles. » Le fait était vrai ; le saint
Curé ainsi surpris ne songe pas même à le nier, il tente
seulement de justifier cette étrange conduite. « Mon ami,
» dit-il, ces guérisons font trop d'éclat. Aussi j'ai dit à
» sainte Philomène de guérir les âmes tant qu'elle vou-
» drait, mais pour les corps de les guérir ailleurs. C'est
» ainsi qu'à présent les choses se passent. Plusieurs ont
» commencé ici leur neuvaine et ont été guéris chez eux,
» et alors *ni vu, ni connu;* c'est bien mieux ! » Quel discours ! Quelle scène !

Cette condescendance sans limites de la part de la
Sainte n'était pas le seul motif de l'affection extrême que
lui portait le bon Curé. Il vient de nous le dire : elle
l'aidait à convertir les pécheurs, à guérir les âmes, et c'é-
tait là un bienfait dont il était plus vivement touché que
de tout autre. M. Vianney avait pour les pécheurs une
tendresse plus que paternelle, il n'y a pas de mère au
monde qui pleure au chevet d'un fils moribond, à la
veille d'être ravi pour jamais aux étreintes de son amour,
comme il pleurait lui-même sur le sort des infortunés
pécheurs. Il voyait en eux des frères, des enfants bien-
aimés, courant comme des insensés vers les abîmes éter-
nels. Que l'on se figure la reconnaissance dont il était pénétré quand on ramenait dans ses bras quelqu'un de ces
pauvres égarés ! Or, c'était tous les jours, et souvent plusieurs fois par jour, que sainte Philomène lui procurait
ces ineffables émotions. Comment aurait-il pu ne pas lui
donner tout son cœur en échange? Outre ces faveurs,

qui lui étaient, en quelque sorte, étrangères, il lui était encore redevable d'une foule de grâces toutes personnelles qui ne sont connues que de Dieu seul. L'une d'entre elles cependant est devenue publique et a passé dans le domaine de l'histoire. Nous voulons parler de sa guérison miraculeuse, à l'époque de sa première maladie dans la paroisse d'Ars.

Les hommes de l'art avaient condamné le saint Curé. « Il y avait là, disait-il plus tard lui-même, quatre médecins qui me regardaient mourir. » Or, quand il se vit en face surtout des redoutables jugements de Dieu, la terreur saisit son âme et le plongea dans un océan d'horribles angoisses.

Au fond, il sentait que sa mission n'était point encore remplie, et il éprouvait des appréhensions terribles à la pensée de paraître devant son Maître avant d'avoir accompli sa tâche. Sa désolation était extrême, et il l'exprimait de la manière la plus touchante. Semblable au roi Ezéchias, il soupirait jour et nuit vers le Seigneur, et lui demandait une prolongation à sa vie.

Le ciel paraissait sourd à son ardente prière, et le mal continuait impitoyablement ses ravages, quand, tout à coup, sainte Philomène lui apparaît, le rassure par un de ces sourires célestes qui enivrent les cœurs de joie, et lui rend soudainement la santé ! Tout le monde connaît cette merveilleuse histoire, et l'ex-voto qui la raconte aux yeux, a été suspendu dans la chapelle de la sainte par le Serviteur de Dieu lui-même.

Or M. Vianney, en concevant la pensée d'une église,

voulait satisfaire à tous les besoins de son cœur en quelque sorte oppressé par le poids délicieux de tant de bienfaits. Il la voulait donc belle et resplendissante comme *sa chère petite Sainte*, riche de tous les ornements des arts, comme elle l'est elle-même des mille dons de la grâce ; pleine d'enseignements et de piété, afin qu'elle fût, pour les âmes, comme un livre dans lequel elles pussent toutes lire :

Le prix de la virginité.

Le courage que le chrétien doit déployer contre les séductions de l'enfer et du monde.

La protection puissante dont Dieu daigne couvrir quiconque l'aime plus que sa propre vie.

La récompense inestimable de la souffrance.

L'ineffable joie du juste arrivé par la voie des tourments aux délices du Paradis.

On le voit, la pensée du saint Curé contenait le thème de tout un poëme où il s'agissait de célébrer, par la magnifique voix des arts, les sentiments les plus touchants, les vérités les plus sublimes.

Il fallait, en quelque sorte, pour réaliser une œuvre si merveilleuse, un nouvel Ooliab, un architecte dont le génie s'inspirât aux sources fécondes de la Religion et de la piété. La Providence qui voulait l'œuvre avait préparé l'homme qui devait l'accomplir, et M. Bossan se trouvait là [1].

---

1. Les travaux de M. Bossan ont fait l'admiration du Jury qui présidait à l'Exposition romaine, et l'immortel Pie IX a voulu que l'on décorât en son nom l'artiste chrétien.

Il est de la nature du génie de trouver une ressource contre toute difficulté, et de faire surgir les beautés les plus inattendues du sein des plus graves obstacles. L'érection de la nouvelle église soulevait plus d'un difficile problème ; mais celui dont la solution embarrassait davantage, c'était la nécessité de n'altérer en rien l'ancien Sanctuaire, tout en travaillant au nouveau.

L'édifice projeté devait être un ex-voto splendide, et qui ne laissât rien à désirer, ni aux sentiments de la piété, ni aux exigences du goût le plus pur, mais l'église ancienne est un reliquaire dont rien n'égale le prix. Tout y rappelle la mémoire du saint Curé, et on n'en pourrait en lever une pierre, sans faire disparaître quelque précieux souvenir.

Ici reposent ses restes vénérés, centre et principe d'une vertu vivifiante, qui nourrit les âmes et guérit les corps ; là, il a confessé ; plus loin, il a pleuré, et il a fait couler des yeux des pécheurs les plus endurcis, les larmes régénératrices de la douleur et du repentir. Ici encore, appuyé contre cet humble prie-Dieu, il faisait ces catéchismes qui ravissaient les âmes simples et déconcertaient les orgueilleux et les incroyants.

C'est du haut de cette modeste chaire qu'il répandait sur son nombreux auditoire des effusions de flammes divines, plutôt que des flots de paroles.

Sur cet autel il offrait la victime sans tache, et ouvrait, par la puissance du sacrifice, toutes les sources inépuisables de la miséricorde sur les âmes qui avaient le plus lassé la divine patience.

Voilà l'Ecce-Homo aux pieds duquel il avait la coutume d'envoyer les pécheurs dont l'obstination résistait à toute sa tendresse. En face, l'autel de *sa chère petite Sainte* qui lui guérissait les malades et lui redressait les boiteux.

Quelques pas encore, et vous arrivez dans cette chapelle de Saint-Jean-Baptiste, le patron qu'il a tant honoré. Puis enfin, voilà cette douce figure de Marie, dont la vue l'attendrissait, et le faisait s'écrier dans un élan de joie céleste : « Oh ! que je remercie le bon Dieu de » lui avoir donné un si bon cœur pour les pécheurs ! »

Oui, tout dans cette vieille église parle du saint Curé, tout le rappelle au souvenir du pèlerin ; y toucher semblerait un acte de profanation qui affligerait justement la piété.

Le sentiment si profondément religieux de M. Bossan a compris toute la portée de cette vénération des Fidèles pour tant d'objets devenus sacrés, et son génie a trouvé le moyen de les respecter.

Il ne détruit rien de tout ce qui existe; au contraire, il veut l'embellir encore, et du chef-d'œuvre qu'il prépare, faire un couronnement splendide à tous ces précieux trésors. Il trace son plan au chevet de l'église, et, au lieu de choisir la forme ordinaire de la nef allongée ou de la croix grecque, il jette les fondements d'une coupole grandiose qui ira s'adapter à l'ancien édifice avec toute la convenance d'un chœur à la nef.

Par ses ordres, les ouvriers se mettent à l'œuvre, et les murs s'élèvent rapidement. Mais au moment où l'œil de l'observateur curieux suit le progrès de cette masse qui monte toujours, et s'attend à voir se dresser devant lui une sorte de tour immense et massive, la construction quitte tout à coup le premier plan, et se rétrécissant avec une grâce surprenante, elle prend des allures sveltes et hardies et devient une élégante coupole d'un style inconnu jusqu'à ce jour.

Une croix rayonnante, ornée de palmes et de lis, annonce de loin aux [pèlerins qui débouchent en foule par toutes les avenues, que là, sous ce dôme, triomphe une jeune vierge arrivée à la glorification par les tourments et par la Croix.

Des figures d'Anges douces et pures, sorties du délicieux ciseau de M. Dufraine, sont ensuite venues s'asseoir sur les huit angles de l'édifice, et, tournées vers les voyageurs qui arrivent, elles leur présentent les instruments du martyre de la Sainte devenus aujourd'hui les insignes de ses glorieuses victoires.

L'architecture de ce précieux monument tient de l'école romane ; mais M. Bossan, en s'emparant de ce style imparfait, lui a fait subir un changement admirable, une sorte de transfiguration radieuse. Il a dit : « Le style gothique est parvenu à l'apogée de sa gloire, on ne surpassera jamais les chefs-d'œuvre que nous possédons déjà. Il en est de même du style classique ; mais pour le roman, il n'est encore qu'à son début. Pourquoi donc ne pas le perfectionner en lui donnant toute la grâce dont il est susceptible ? »

C'est ainsi que raisonne le génie. Ne pouvant s'assujettir aux règles vulgaires, il aime à se frayer une route inconnue, hors des sentiers battus. Il n'est à l'aise que dans les régions nouvelles, parce qu'étant créateur de sa nature, il veut de l'espace pour s'exercer, plutôt que des modèles à reproduire.

Le style roman, resté jusqu'à présent si lourd dans ses allures, est devenu d'une légèreté à peine croyable, dans le plan de M. Bossan. Ce caractère dégagé et svelte frappe surtout le regard quand on pénètre dans l'intérieur du sanctuaire d'Ars. L'élégante coupole octogone est tout entière suspendue sur huit colonnes, et les cintres sont si dégagés que l'on prendrait cette masse énorme pour une draperie servant à l'ornementation du Sanctuaire un jour de fête.

L'illusion est rendue plus sensible encore par le choix qui a présidé à la matière des colonnes. La pierre dont elles sont composées est une sorte de granit rouge foncé, tiré de la Grisaille de Mâcon, et qui joue assez bien le porphyre. Cette couleur assombrie contraste avec la blancheur des chapiteaux et des culs-de-lampe, et l'œil les isolant, sans s'en douter, l'édifice paraît comme suspendu dans les airs.

Le reste de l'église est construit en retrait, et porté sur des colonnes et des colonnettes gracieusement entremêlées. Cette dernière partie de l'édifice encadre admirablement la première, et, comme elle s'étend aux quatre points cardinaux par des Chapelles rayonnantes, elle éblouit les yeux en leur ouvrant de magnifiques horizons.

M. Bossan eut le bonheur de rencontrer, pour traduire ses sublimes pensées, des artistes dignes de lui. M. Razuret, peintre en décorations, a semé d'une main magistrale, sur toutes les voûtes, et partout où son habile pinceau a pu arriver, des ornements qui saisissent, tant les lignes sont pures et les dessins gracieux. Entrant, avec une rare intelligence, dans la pensée de M. Bossan, de répandre partout des figures symboliques, il a créé des emblèmes qui instruisent tout en charmant le regard.

Une des compositions qu'il aime, c'est une plante poétique composée de la palme et du lis, et sur laquelle se jouent de pures et blanches colombes. Peut-on rien imaginer de plus propre à représenter aux yeux la virginité, le martyre, l'angélique innocence de sainte Philomène dont ces magnifiques voûtes sont destinées à abriter la suave figure et les précieuses reliques?

M. Borel est venu ensuite, et avec son pinceau devenu célèbre, il s'est mis à écrire le texte du poëme, dont tout le reste n'est pour ainsi dire que le prélude et l'encadrement. Dans l'ardeur de la flamme artistique qui le dévore, il a dessiné les plus belles scènes de la vie de la Sainte, et en a décoré les huit parois de la délicieuse coupole. En voici une brève description.

Iᵉʳ *Tableau*. — L'ouverture de ce drame est saisissante. L'empereur Dioclétien, assis sur son trône, offre une couronne d'or à Philomène, et lui annonce que, ravi de ses grâces, il l'a choisie pour l'élever au rang d'impératrice. La sainte demeure indifférente à des avances si flatteuses, et repousse avec dédain le brillant diadème. Elle déclare qu'elle n'aura jamais d'autre époux que Jésus-Christ, le roi immortel des siècles.

IIe *Tableau.* — Dioclétien, furieux d'éprouver un refus auquel il était loin de s'attendre, appelle des archers et leur ordonne de percer cette fille ingrate, avec des flèches enflammées. Ici la scène devient vivante : Philomène apparaît attachée à un poteau, sa physionomie est calme, on dirait presque saintement fière ; toute son attitude respire le courage poussé jusqu'à l'héroïsme. Les traits partent, laissant après eux une longue traînée lumineuse. Mais chose étonnante ! ces dards retournent sur eux-mêmes et vont percer les bourreaux qu'ils renversent expirants aux pieds de la jeune Vierge. Philomène, à la vue du miracle, se recueille et rend grâces à son Dieu.

IIIe *Tableau.* — A la nouvelle du prodige, Dioclétien déconcerté fait enfermer l'héroïne dans un sombre cachot. On la voit dans une attitude contemplative, au sein de ces ténèbres. On dirait un athlète qui se repose paisiblement après un glorieux et pénible combat.

IVe *Tableau.* — La scène représente le fleuve du Tibre. Un vaisseau porte Philomène jusqu'au milieu des flots. Là, les satellites du tyran, attachant une ancre pesante au cou de l'innocente victime, la précipitent au fond des eaux. Mais trois anges veillent au salut de l'héroïque Vierge. L'un d'entre eux brise la chaîne de l'ancre et porte doucement la Sainte sur le rivage. Les deux autres s'élancent sur la barque et la submergent avec tous ceux qui la montent. L'expression de bonheur peinte sur le visage de Philomène miraculeusement délivrée, et le désespoir

des bourreaux qui sombrent, forment un heureux contraste.

Ve *Tableau*. — Ici est figurée la décapitation de la
Sainte. Elle courbe la tête avec un empressement mêlé
de joie; on voit qu'il lui tarde d'arriver au terme de ses
combats.

VIe *Tableau*. — C'est le convoi funèbre qui porte le
corps de la Sainte, si glorieusement mutilé. La scène se
passe au milieu des ténèbres, c'est pendant la nuit que le
touchant cortége se dirige vers les catacombes. Deux
groupes de vierges accompagnent la Vierge martyre ;
l'une d'entre elles porte avec respect la fiole sacrée qui
contient le sang de la nouvelle héroïne. La douleur et le
recueillement se peignent sur tous les fronts.

VIIe *Tableau*. — Nous voilà au sein même des catacombes. Un sculpteur, en costume antique, grave sur la
pierre, derrière laquelle repose le corps de la Sainte, ce
nom de Philomène, qui devait demeurer seize siècles enseveli dans l'ombre, et devenir ensuite si célèbre. Un gar-
dien des catacombes tient à la main une lampe de terre
qui jette quelques pâles lueurs sur cette scène silen-
cieuse.

VIIIe *Tableau*. — Au sortir des catacombes, le Ciel!...
C'est l'apothéose de la jeune Sainte. Quel contraste et
quel profond enseignement ! Dioclétien croit avoir écrasé
la jeune Vierge sous le poids de sa puissante colère. Ne
pouvant parvenir à vaincre sa vertu, il l'a brisée sous la
hache de son licteur ! Et voilà qu'au moment où il semble
triompher, l'héroïne entre dans la gloire et prend posses-

sion d'un trône immortel. Là, elle contemple face à face le Dieu qu'elle a préféré à toutes les gloires de la terre, et les Esprits bienheureux, ravis des triomphes de son amour, jettent à ses pieds des lis, des palmes, des couronnes!... Telle est l'issue de l'épreuve pour les cœurs magnanimes et les vrais enfants de Dieu...

« Tout cet ensemble, dit l'auteur de la *Journée du*
» *4 août* 1865, est un chef-d'œuvre qui en recouvre un
» autre ; c'est l'autel en marbre blanc de sainte Philo-
» mène, exécuté sur les dessins du même architecte, et
» encadrant le splendide bas-relief de M. Émilien Cabu-
» chet. Ce bas-relief, qui a eu les honneurs du Salon
» de 1862, représente la jeune martyre au moment où
» elle est recueillie et déposée par les Anges sur les bords
» du Tibre. Le corps virginal, d'une souplesse et d'une
» flexibilité admirables, semble se transfigurer sous le
» regard, au contact des mains angéliques qui le sou-
» lèvent : c'est sainte Philomène, telle que nous la ver-
» rons un jour dans le Ciel ! Cette belle et chaste compo-
» sition est certainement une des œuvres capitales de
» M. Cabuchet, elle suffirait à sa réputation, car il y rap-
» pelle et peut-être il y égale les meilleurs maîtres par
» la disposition du groupe, l'incomparable harmonie des
» lignes, la grâce divine et la légèreté aérienne des atti-
» tudes, la suavité des profils, la justesse et la simplicité
» des mouvements, le choix et la richesse des draperies.
» Il y a dans l'ensemble et dans les détails tant d'éléva-
» tion et tant de pureté, la piété s'y allie si bien à la no-
» blesse et à la beauté, que la forme est de tout point à la

» hauteur du sujet. L'ornementation qui l'accompagne
» est d'un goût exquis et d'une poésie charmante : c'est
» une bordure de lis et de colombes. Rien de plus virgi-
» nal et de plus frais ! »

Des trois chapelles qui entourent le sanctuaire, deux
ont déjà chacune son autel et sa statue. Celle qui rayonne
du côté de l'Évangile est dédiée à la Vierge Marie, sous
le titre si chéri du saint Curé : Marie, refuge des pécheurs. La chapelle en face est consacrée au chaste époux
de la Vierge-Mère ; il tient d'une main un bâton qui
s'épanouit en lis, et de l'autre, l'Enfant-Dieu, qu'il eut
le bonheur d'appeler son fils.

La chapelle du centre est consacrée au sacré Cœur de Jésus. Trois grandes verrières, provenant des usines de Mu-
nich, y versent la lumière qui inonde à grands flots ce
lieu béni, et rappellent au pieux fidèle en prières, trois
personnages qui prêchent admirablement l'amour. Notre-
Seigneur est au centre, présentant son cœur aux hommes,
en leur disant : « Voilà le cœur qui vous a tant aimés !... »

Au côté gauche, la bienheureuse Marie-Marguerite
Alacoque contemple ce mystère, objet de ses continuelles
extases. Au côté droit, saint Jean, le disciple bien-aimé,
qui eut l'insigne privilége de reposer sur ce Cœur sacré,
où il puisa cet amour devenu comme le cachet immortel
de son glorieux apostolat.

Cette chapelle du Sacré-Cœur est encore vide ; l'autel,
qui lui était destiné, a figuré à l'exposition de Rome, et
Pie IX a daigné l'examiner, le toucher, le louer ! Ici, il

n'y aura point de statue ; la place est réservée et demeurera vide jusqu'au jour où un oracle parti du Vatican dira au monde catholique : « Vous l'aviez pressenti et le pieux instinct qui vous pressait de le croire ne vous a pas trompés : le Serviteur de Dieu J.-M.-B. Vianney règne dans la gloire, il est puissant au Ciel, inclinez-vous et honorez-le. »

Sur l'autel sera posée la figure du Saint devenue vivante sous l'habile ciseau de M. Cabuchet. C'est sous cet autel que reposeront ses restes déjà vénérés, et alors glorifiés par la voix *infaillible* du Souverain Pontife.

Comme il va dormir heureux sur ce nouveau lit de gloire ! Il sera là au centre de tout ce qu'il a le plus aimé, à l'abri sous la coupole splendide érigée par lui à sa glorieuse protectrice ; en vue des pèlerins qui accourront de toutes parts acclamer son triomphe ; à la portée et, pour ainsi dire, à la merci des malheureux et des affligés, pour lesquels il redoublera de compassion et de tendresse.

Qui sait si quelque jour une brillante nef ne s'ajoutera point à la riche coupole, et ne célébrera pas, à son tour, les actions héroïques du Serviteur de Dieu, comme le nouveau sanctuaire redit celles de *sa chère petite Sainte !...* Il faut, sans doute, nous l'avons déjà dit, respecter le précieux reliquaire, mais pourquoi ne le ferait-on pas descendre tout entier dans une crypte dont l'obscurité et le silence favoriseraient encore davantage les effusions de la piété ? Respectons toutefois les secrets de l'avenir, et sachons mettre des bornes aux souhaits les plus louables et les plus légitimes.

Pour accomplir d'ailleurs un si vaste dessein, les fonds feraient aujourd'hui défaut. Les cent mille francs de la loterie n'ont payé que les murs de l'édifice, cent autres mille francs, provenant de sources diverses, ont couvert les frais des travaux d'art, et une somme aussi forte est encore nécessaire pour mettre la dernière main à cette œuvre destinée à devenir l'une des gloires de notre siècle. Mais ne doutons pas du concours des âmes généreuses; la vue d'un si splendide monument inachevé est la plus éloquente de toutes les réclames, et le désir de s'assurer la protection du saint Curé inspirera encore dans l'avenir bien des sacrifices héroïques.

Le 8 décembre 1869, jour immortel que notre bien-aimé pontife Pie IX a écrit en caractères d'or dans les *Annales ecclésiastiques*, en ouvrant le premier concile œcuménique du Vatican, tous ces premiers travaux furent terminés. Dans une fête de famille où se trouvaient réunis les artistes qui avaient contribué à la perfection de ce chef-d'œuvre, M. Toccanier prit la parole et dit :

« S'il est vrai que Jésus-Christ ait donné à son Église la mission de prêcher la vérité au monde, il est vrai aussi que l'Église, pour donner à la vérité toute sa puissance, a voulu la montrer dans toute sa splendeur en faisant surgir de son sein l'artiste chrétien.

S'inspirant de cet esprit, le curé d'Ars ne se contente pas de répandre la vérité par sa parole appuyée sur l'exemple de ses vertus, il a aussi besoin de lui donner l'empreinte de la vraie beauté. De là, cet élan et cet appel passionné de son âme : « *Je prierai le bon Dieu pour ceux qui m'aideront à bâtir une belle église à sainte Philomène.* »

M. Bossan, son disciple et son ami, a entendu cette parole, et pour y répondre, il a consacré à l'érection de ce sanctuaire tous les trésors de son intelligence et de son cœur. Tout en exprimant nos unanimes regrets pour l'absence de notre éminent architecte, nous sommes heureux de féliciter M. Moras qu'il a choisi pour surveiller la réalisation de sa pensée.

Vous l'avez entendue cette parole féconde, vous, M. Borel, que nous sommes si heureux de fêter aujourd'hui. Que votre modestie, qui n'a d'égale que votre dévouement, me permette de vous exprimer ma reconnaissance et mon admiration : ma reconnaissance, pour la générosité pleine d'abnégation avec laquelle vous avez immolé pendant si longtemps votre liberté, et sacrifié vos intérêts de tous genres au désir de faire une sainte et belle action ; mon admiration, pour les pages sublimes que votre pinceau, guidé par le génie, a écrites en si glorieux caractères sur les murs de notre église.

Ces pages saisissantes, comme la foi qui les a inspirées, sont accessibles à tous ; l'ignorant et le savant pourront y lire la magnifique synthèse du catholicisme : la faiblesse triomphant de la force, l'amour plus fort que la mort, l'humiliation et les souffrances conduisant à la félicité et à la gloire.

De telles pages devaient être illustrées : la Providence

suscite M. Razuret qui, par ses gracieuses décorations, a tracé les charmantes vignettes de ce livre immortel.

Vous l'avez entendue cette parole du saint Curé, vous M. Dufraine, et vous avez été heureux d'apporter votre pierre que nous saluons avec honneur, tantôt sous les formes majestueuses de la Mère de Dieu, tantôt sous les traits de saint Joseph, ou d'une gracieuse couronne d'anges au front du sanctuaire.

Sous la main active et habile de M. Tournon, les voûtes et les colonnes se transfigurent en fleurs épanouies, et s'animent par les symboles de la force et de la douceur : bélier, lion, colombe ; la création tout entière entonne l'hymne de la louange et de l'action de grâces.

M. Clavel a jeté sur ces fleurs et sur ces animaux symboliques, son or le plus pur.

M. Tissot mérite sa part d'éloges pour le concours dévoué et intelligent qu'il a donné à notre éminent architecte, en créant, sous son inspiration, les plus beaux ornements de nos autels.

Terminons cette fête de famille, en faisant mention de notre photographe. C'est l'imprimeur privilégié de cette nouvelle vie de sainte Philomène ; que ses tirages se multiplient pour porter au loin la gloire de notre Sainte bien-aimée. »

CHAPITRE VII

Développement que le culte de sainte Philomène prend de jour en jour dans le sanctuaire d'Ars. — Nouvelle relique. — Traits divers d'incomparable générosité. — La sainte témoigne sa reconnaissance en opérant de nouveaux prodiges. — Le nombre des guérisons miraculeuses défie tout calcul et ne peut être connu.

Les travaux merveilleux qui s'accomplissent autour de la tombe de M. Vianney, à la gloire de sainte Philomène, prouvent d'une manière éclatante que les pieux missionnaires d'Ars ont hérité de son esprit, et ne négligent aucun moyen de maintenir et de propager le culte de la célèbre Thaumaturge. L'homme de Dieu n'aurait même pas assez de louanges à donner à leur zèle, s'il apparaissait parmi eux, et qu'il pût admirer les nouveaux embellissements dont ils ont enrichi cette humble et petite chapelle qu'il avait érigée lui-même à son aimable protectrice, dans l'église primitive. Il n'avait laissé à *sa chère petite sainte* qu'un autel et une statue d'une valeur médiocre, et aujourd'hui il la contemplerait dans une urne de cristal et d'or, parée de soie et de pourpre et doucement endormie sur un lit de splendide et moelleux velours.

En 1863, une relation fidèle fut faite à Rome, sur ce concours prodigieux de fidèles qui affluent de toutes les parties de la France, aux pieds de la sainte Thaumaturge.

La nouvelle de l'existence d'un pèlerinage déjà si en faveur, émut la piété d'un prélat qui préside à la garde des saintes reliques. Une inspiration secrète l'incline à se montrer généreux envers l'église d'Ars, et il remet à M. l'abbé Ball, l'un des missionnaires gardiens du tombeau de M. Vianney, une parcelle considérable des os de la Sainte.

Muni d'un pareil trésor, l'heureux missionnaire pense, avec raison, qu'il ne peut enchâsser trop richement une perle de si grande valeur. Il lui vient alors l'ingénieuse idée de faire, d'une effigie en cire de sainte Philomène, un reliquaire qui la représentera tout entière aux yeux des pèlerins, pendant qu'ils vénéreront un précieux débris de la dépouille mortelle.

Les demoiselles Griotier d'Avignon ayant déjà obtenu une célébrité incontestée dans la confection de semblables ouvrages, il s'adresse à elles pour la réalisation de son projet. Il avait beaucoup compté sur leur habileté, mais le résultat dépassa encore ses espérances.

Un jour, la pieuse commande arrive, et les bons missionnaires ne peuvent se lasser d'admirer l'élégance, la délicatesse, le fini du travail. Il leur semble que ce n'est point une figure, mais qu'ils jouissent de la présence même de la Sainte, tant la pose du corps est naturelle et virginale ; les membres paraissent souples et flexibles, l'angélique visage est expressif et gracieux.

A la vue de cette réalité inattendue, M. Toccanier s'écrie : « Nous devons tout à sainte Philomène, montrons-nous reconnaissants, et parons-la de toutes les richesses qui seront en notre pouvoir. » Tous les cœurs font écho à ces paroles généreuses, et l'on décide qu'il faut remplacer la soie modeste qui la couvre, par un vêtement d'or et de pierres précieuses.

A l'instant, on fait appel aux plus habiles brodeuses de Lyon qui, s'inspirant à la fois de l'ardeur de leur piété et du génie de leur art, entreprennent de former un tissu digne de parer la glorieuse Vierge.

La robe qu'elles étalent éblouit tous les regards : l'argent le plus pur en a fourni la matière, et c'est à l'aide de l'or le plus fin qu'on l'a parsemée tout entière de gracieuses broderies en relief.

La joie des spectateurs est extrême, et des dames pieuses entreprennent la toilette sacrée. La robe d'argent semble revêtir Philomène d'innocence, et les broderies d'or qui l'émaillent, symbolisent ses nombreuses et éclatantes vertus. La beauté de la Vierge s'accroît d'une nouvelle splendeur quand on ajoute, à tous ces ornements, la chlamyde de pourpre, insigne du martyre, et légèrement serrée à la taille par une ceinture de soie, fermée avec une agrafe de topaze.

Il n'y a rien qui dilate les cœurs et provoque la générosité comme la contemplation des saints. Les chastes attraits de leur angélique beauté ont des charmes irrésistibles qui entraînent délicieusement aux plus héroïques sacrifices.

Pour témoigner son amour à sainte Philomène d'Ars, une vierge du monde se dépouille, sans regrets, de sa riche chevelure, l'envoie à l'illustre martyre, et consacre à Dieu, dans la solitude d'un cloître, la fleur de sa jeunesse.

Il était difficile qu'un exemple si touchant ne devînt pas saintement contagieux, mais on ne pouvait s'attendre à l'acte d'incomparable générosité qu'il allait provoquer.

Ici, nous pouvons parler sans crainte; notre héroïne n'est plus, et louer les morts, c'est prier pour eux, c'est répandre de pieuses fleurs sur la pierre qui recouvre leurs cendres.

Mme la comtesse des Garets était là pendant que l'on parait si somptueusement l'image de la Sainte. Ne la rencontrait-on pas toujours quand il y avait une bonne œuvre à faire, un acte religieux à accomplir? La vue de cette figure gracieusement encadrée dans la soyeuse chevelure d'une généreuse fille, l'émeut jusque dans l'intime de l'âme; elle aussi médite un grand sacrifice. Tout à coup elle disparaît, mais c'est pour reparaître bientôt, portant un riche écrin tel qu'on les offre dans les familles opulentes, aux jeunes fiancées à l'approche de leurs noces. « Il n'est pas juste, dit-elle, que je demeure en retard, en présence de si nombreuses libéralités : voilà ce que je donne. »

On ouvre la précieuse cassette : c'est tout un trésor de bijoux. On en tire diverses parures pour embellir les reliques de la Sainte : un diadème d'or et de pierreries couronne son front candide, des bracelets ornent ses mains virginales, des bandelettes couvertes de diamants servent à façonner une riche chaussure. Le corps est déjà tout paré et la précieuse cassette n'est point encore épuisée.

Avec une partie des pierreries qui restent, on forme deux splendides rosettes que l'on fixe sur l'une et l'autre épaule, pour simuler des agrafes et retenir la chlamyde ; puis on sème, çà et là, les autres sur tout le corps, comme autant d'étoiles scintillantes.

L'émotion des spectateurs devient indescriptible, quand ils contemplent la resplendissante beauté de *la chère petite Sainte*. Les prêtres prennent respectueusement le corps et le déposent dans l'urne de cristal et d'or.

Au jour de l'inauguration, l'image de la douce Vierge apparaît rayonnante, tous les regards se fixent, on est tenté de croire à une vision du Ciel.

On l'élève sur un trône étincelant de lumière, et tous applaudissent par les tressaillements de leur cœur à ce magnifique triomphe.

O Philomène ! Que pouvait-on faire pour vous que l'on n'ait pas fait ?... N'êtes-vous point heureuse au milieu de ces glorieux hommages ? Ne vous montrez-vous pas reconnaissante envers ces cœurs qui vous sont tout dévoués ? Demeurerez-vous muette pendant que l'on vous prodigue de si harmonieuses louanges ?

Non, la gracieuse Sainte ne restera pas insensible ; elle parlera, à son heure, par des prodiges. C'est au sein de deux familles pauvres que, dans sa bonté compatissante, elle ira porter de préférence la consolation et la joie.

Un bon habitant de la paroisse de Mussy, petite commune du canton de Chauffailles, dans le diocèse d'Autun, se trouvait heureux, malgré sa pauvreté, d'être père d'un beau garçon auquel il donna au baptême les noms d'Antoine-Marie.

L'enfant grandissait et se développait joyeusement sous ses yeux, lorsque, vers l'âge de neuf ans, en 1862, il fut atteint d'une maladie grave. Les hommes de l'art parvinrent à dompter le mal, mais sans pouvoir remédier à ses tristes conséquences. La jambe gauche de l'enfant demeura faible, et aucun traitement ne put lui rendre sa première vigueur. Le père a la douleur d'entrevoir que son fils sera peut-être infirme le reste de ses jours.

Mais là ne devait point s'arrêter la rude épreuve qui lui était réservée. En 1864, vers l'époque de Noël, la terrible maladie reparaît plus violente que jamais, et, cette fois, la jambe déjà atteinte subit une transformation affreuse ; elle s'étiole peu à peu, perd de plus en plus ses forces, se paralyse, et finit, en se retirant, par se replier si violemment en arrière que le talon du pied gauche arrive jusqu'à la hauteur du dos.

Le père pleure, mais hélas ! que peuvent les larmes contre un pareil malheur ? Les médecins avouent l'impuissance de leur art; il ne lui reste donc, pour toute consolation, que la soumission aux dispositions secrètes de la divine Providence. Cependant des personnes, inspirées par l'esprit de foi, lui conseillent de ne pas se laisser aller au découragement, mais de mettre sa confiance dans le crédit des amis de Dieu. Elles lui parlent du vénérable Curé d'Ars, et l'engagent à conduire le jeune infirme sur son tombeau.

Le père était chrétien et il croyait aux miracles ; il eût volontiers suivi dès lors l'inspiration qui lui était suggérée, mais il était pauvre, et il manquait des ressources nécessaires pour entreprendre ce voyage. Cependant il ne perdit pas de vue son dessein ; au contraire, il se mit à économiser de telle sorte qu'il se voit enfin possesseur de la somme suffisante, et il pense à déterminer le jour du départ.

Il y avait à Mussy un autre enfant, à peu près de l'âge d'Antoine-Marie, se nommant aussi Antoine, et presque dans le même état d'infirmité : l'articulation d'un de ses genoux s'était relâchée et la jambe retirée.

Même avec le genou fortifié par un mécanisme en fer, il ne pouvait marcher que péniblement, et à l'aide de béquilles. Il apprend le projet de voyage d'Antoine Boyer, et il désire se joindre à lui. Sa pieuse mère, la femme Minet, s'entend avec la famille Boyer, et ils partent le même jour.

Ils arrivent ensemble à Ars, le 18 avril 1865. Le père Boyer sachant très-bien que, pour obtenir les grâces du Ciel, il faut tâcher de s'en rendre digne, demande un missionnaire et se confesse. Pendant le temps qu'il met à s'acquitter de ce devoir, son fils, tout désireux d'être guéri, se traîne jusqu'au tombeau du saint Curé et y prie avec ferveur.

Mais c'était sainte Philomène, et non M. Vianney, qui devait lui obtenir la grâce qu'il sollicitait. Une personne pieuse de la ville de Sens, Mlle Epagneau, en eut le secret pressentiment. Elle appelle l'enfant par signes, dans la chapelle de la Sainte, et l'aide à se placer en face de la précieuse châsse. L'enfant tire son chapelet et se met à le dérouler avec une touchante piété.

Mlle Epagneau le considérait attentivement pour voir ce qui arriverait. Peu de temps après, elle prend, dans son livre de prières, une petite image de sainte Philomène, la donne à l'infirme et lui dit : « Tiens, mon ami, offre cette image à la Sainte. » L'enfant la prend, et, oubliant qu'il n'a l'usage que de l'une de ses jambes, il s'élance vers l'autel et la présente ingénument à sainte Philomène. L'élan avait été imprimé du Ciel : dans le mouvement, la jambe repliée se détend, et l'enfant marche avec facilité!... Mlle Epagneau pousse un grand cri, toutes les personnes qui se trouvaient réunies dans l'église accourent aussitôt ; il se fait un mouvement extraordinaire : les uns pleurent, les autres crient, tout le monde est hors de soi.

En ce moment, le père Boyer sort de la sacristie ; son enfant se précipite vers lui, en criant : « Papa ! Papa ! je suis guéri !... Le père regarde fixement son fils ; il a de la peine à le reconnaître. Puis, quand il s'aperçoit que c'est bien là son enfant, et qu'il est réellement guéri, il ressent une émotion si forte qu'il éprouve une sorte de défaillance. Quand il revient à lui-même, il verse un torrent de larmes.

Cette explosion de la nature lui était nécessaire ; son cœur de père ne se trouvait pas assez fort pour supporter tant de bonheur.

Tout le monde entoure l'enfant ; tous veulent le voir et on ne se lasse pas de le considérer.

Aussitôt qu'ils le peuvent, le père et l'enfant vont trouver M. le Curé, qui les reçoit au milieu de tous les missionnaires. M. le Curé regarde Antoine et lui dit : « Est-ce que tu marches bien, mon ami ? » — « Oh ! tenez, » dit l'enfant ! Et, en parlant ainsi, il se met à faire le tour du salon en marchant la tête haute, et frappant vaillamment du talon, comme un apprenti hussard armé de ses pesantes bottes.

Tout à coup il s'arrête et dit: « Papa pleurait à l'église, tout le monde pleurait; mais moi je ne pleure pas ; je suis bien content!... » Et il continue sa marche militaire au milieu des éclats de rire et de l'admiration générale.

Cependant tous ne participaient pas à cette fête. Antoine Minet n'était pas guéri, et en voyant la grâce qu'avait obtenue son camarade, il était inconsolable. Il trépignait de dépit, il était jaloux ; il en voulait à sainte Philomène de sa partialité.

Dans l'innocente colère qui l'agite, il prie la Sainte, il la gourmande, il lui dit que, puisqu'elle a guéri son ami, il faut qu'elle en fasse autant pour lui. En vérité, la Sainte ne pouvait laisser ce petit infirme dans un tel état de désolation; elle en eut pitié et elle le guérit aussi. L'articulation du genou fut instantanément fortifiée. L'enfant le sent, et, tout joyeux, il jette au loin sa béquille, démonte l'appareil en fer qui soutenait la partie malade, et, accompagné de son heureuse mère, il va trouver M. le Curé.

La jambe cependant ne s'était pas allongée, et l'enfant boitait un peu, mais comme il marchait en toute liberté, il ne comptait pour rien ce léger souvenir de son ancienne infirmité. Il était content de sainte Philomène et ne jalousait plus le bonheur de son ami.

Voilà deux guérisons arrivées le même jour, deux témoignages authentiques que sainte Philomène a donnés de sa présence dans son sanctuaire d'Ars, deux remercîments qu'elle a gracieusement offerts du haut du Ciel à toutes les personnes qui l'ont si magnifiquement honorée.

Si on voulait raconter tous les prodiges qu'elle opère dans ce sanctuaire béni, il faudrait un bien gros volume. Ces faits étonnants sont si nombreux que la chapelle de la Sainte ne pouvant plus contenir les ex-voto qui les rappellent on les entasse les uns sur les autres par centaines et peut-être par milliers. La quantité des béquilles déposées en signe de guérisons est telle qu'on a dû les grouper par énormes faisceaux aux deux côtés de l'autel. On y voit aussi tous les genres de bandages et de mécanismes destinés à soutenir les membres infirmes du corps humain. Quels trophées que ceux-là ! Ils n'emportent pas avec eux les souvenirs lugubres de la mort et du sang versé, mais bien les idées consolantes de la miséricorde, de la vie et de l'amour. Ainsi, *la chère petite Sainte* du Curé d'Ars vit toujours dans le sanctuaire que sa reconnaissance lui a érigé, et le culte qu'il lui avait si affectueusement voué, loin de se ralentir, ne fait que grandir de jour en jour.

CHAPITRE VIII

La succession d'un Saint est un héritage difficile à recueillir. — Les Missionnaires d'Ars ont maintenu toutes les pratiques établies par le saint Curé et en ont fondé de nouvelles. — Inauguration de la Statue de saint Pierre ; elle devient l'objet des hommages empressés des fidèles.

L'occupation la plus douce des pieux Missionnaires d'Ars est de méditer sans cesse la vie de l'admirable et saint Curé dont la divine Providence les a constitués les successeurs et les héritiers, afin de se pénétrer de plus en plus de son esprit. Ils s'efforcent surtout, par leur dévouement et leur zèle, de continuer à le faire revivre dans cette paroisse fortunée.

Le succession de M. Vianney était, sans contredit, plus difficile à recueillir que celle d'un roi. Il s'agissait en effet, de conserver sur les âmes cette suave domination qu'il a exercée avec tant d'autorité et de bonheur pendant plus de vingt-cinq ans. Or, on le sait, l'empire sur les âmes dépend autant de la volonté de ceux qui le subissent, que de l'énergie de ceux qui l'imposent, et il échappe souvent d'autant plus vite qu'on veut le retenir avec plus de vigueur. Jusqu'à présent, cependant, ces dignes prêtres ont eu la gloire de ne pas succomber à leur tâche, et de se montrer dignes de leur sublime mandat. Il nous suffira de jeter un coup d'œil rapide sur la physionomie actuelle de la paroisse d'Ars, pour montrer qu'elle n'a rien perdu de ce cachet essentiellement religieux qui en fait un pays à part, et ne permet pas de le confondre avec aucun autre.

Aujourd'hui, comme au temps du saint Curé, la paroisse d'Ars présente plutôt l'aspect d'une communauté religieuse, assujettie à des exercices fixes et réguliers, qu'à une agglomération de personnes indépendantes qui n'ont d'autre règle que leur propre volonté. Dès la pointe du jour, à cinq heures et demie du matin, un missionnaire monte en chaire, préside à la prière en commun, et fait la méditation à haute voix. La messe de paroisse, j'allais presque dire de communauté, commence invariablement à six heures. L'assistance est nombreuse, la table sainte toujours entourée par les rangs pressés d'âmes pieusement avides de la nourriture eucharistique. L'attitude générale est pleine de foi, le recueillement profond.

Aujourd'hui, comme au temps du saint Curé, l'auguste sacrifice de la Messe ne cesse de se renouveler dans cette église privilégiée, jusqu'à une heure assez avancée de la matinée. Plus d'une fois, un seul autel ne suffit pas au nombre de prêtres attirés par la célébrité du lieu, et, comme dans les grands sanctuaires, le sang de l'adorable Victime coule sur plusieurs Calvaires à la fois.

Aujourd'hui, comme au temps du saint Curé, les heureux pèlerins peuvent assister à cette instruction familière qui était devenue si populaire sous le nom de Catéchisme de onze heures. Par respect pour la mémoire du Serviteur de Dieu, et afin de conserver au moins un souvenir de cette parole simple et touchante dont les pieux pèlerins se montraient si avides, les bons missionnaires se sont imposé la loi de ne jamais faire à cette heure de discours solennel. Ils parlent en pères, et si l'illusion pouvait jamais être complète, quand il s'agit de reproduire un Saint, on se croirait transporté aux beaux jours d'autrefois.

Aujourd'hui, comme au temps du saint Curé, on trouve dans cette église devenue une station presque permanente de la divine miséricorde, le tribunal de la réconciliation toujours dressé. C'est encore, dans les vertueux prêtres qui y siégent, le même empressement pour accueillir les pécheurs, la même tendresse pour les âmes égarées, la même charité, la même douceur pour panser leurs blessures, sans les aigrir.

Aujourd'hui, comme au temps du saint Curé, Ars est le rendez-vous des âmes d'élite et de ces cœurs apostoliques qui se passionnent pour le bien et se préoccupent des moyens les plus efficaces de l'implanter dans le monde, pour l'opposer victorieusement à la perversité toujours croissante du siècle. Aussi n'est-il pas rare d'y faire les rencontres les plus heureuses, et d'y contempler des efflorescences de grâces que l'on croirait à peine possibles à l'époque où nous vivons.

Aujourd'hui, comme au temps du saint Curé, on a ici, sous les yeux, le spectacle attendrissant de toutes les infirmités humaines, et l'on peut répéter cette parole du Serviteur de Dieu : « Il faut venir à Ars pour se faire une

» idée de tout le mal que le péché originel a fait à la
» postérité d'Adam. »

Quand il s'agit de redresser les boiteux, de rendre
l'ouïe aux sourds ou la lumière aux aveugles, il est vrai
que le dévouement des hommes les plus zélés n'y peut
rien. Le pouvoir thaumaturgique est un don gratuit que
Dieu départ à qui il veut. Mais une vertu céleste qui tantôt
descend de la châsse splendide de sainte Philomène, et
tantôt s'élève des cendres du Serviteur de Dieu, se subs-
titue à l'impuissance des hommes, et supplée à ce qui est
au-dessus de leur zèle.

Nous avons déjà cité plusieurs traits de cette intervention divine, et nous en avons bien d'autres encore à raconter. Mais le récit de ces faits est-il donc nécessaire pour
établir l'existence d'une vertu surnaturelle qui soulage ici
les malheureux ? La présence de cette foule d'infirmes
qui semblent s'être donné rendez-vous des pays les plus
éloignés, suffit à elle seule pour l'attester à tous les yeux.
Si un certain nombre d'entre eux ne rapportaient pas,
de ce lieu béni, la guérison, ou au moins quelque soulagement à leurs maux, on verrait bientôt cette affluence
diminuer et enfin disparaître. Quand la multitude des
pauvres assiége habituellement la porte d'un homme
riche, on doit être assuré que cet homme se montre libéral
envers eux. Ils ne se rassemblent pas de la sorte à la
porte de l'avare ; ils ont vite deviné la dureté de son cœur,
et ils s'en vont bien déterminés à ne plus revenir.

Aujourd'hui, comme au temps du saint Curé, les jours
de dimanche se célèbrent à Ars avec une exactitude si

ponctuelle qu'elle ne laisse à peu près rien à désirer. Là, le jour du Seigneur lui est consacré tout entier. Les religieux habitants de cette paroisse ont retenu la parole de leur saint Pasteur : « Je connais deux moyens infaillibles » de devenir pauvre : prendre le bien d'autrui et tra » vailler le saint jour du dimanche. » Prenant au pied de la lettre cette précieuse maxime, ils sont d'une probité irréprochable dans leurs transactions commerciales, et donnent à Dieu, avec scrupule, le jour qu'il s'est réservé. Aussi le Seigneur les a bénis, et ces habitants, autrefois si pauvres, sont maintenant en état de se disputer, l'or à la main, le plus petit coin de terre.

Aujourd'hui, comme au temps du saint Curé, les cafés et les danses sont choses inconnues dans le pays. Une partie des maisons du village ont été, il est vrai, converties en hôtelleries à l'usage des pèlerins, mais il n'y faut chercher aucun établissement de divertissements public, car il n'en existe pas. C'est pour se recueillir et prier que l'on doit entreprendre le pèlerinage d'Ars, et non pour y vivre en touristes, ou en faire le but d'un voyage de pur agrément.

Aujourd'hui, comme au temps du saint Curé, les divins offices se célèbrent ici avec une solennité qui fait oublier que l'on est dans une modeste localité de cinq cents âmes.

Le cœur de l'homme a été créé pour être heureux, et il a besoin de bonheur autant que le corps de nourriture. Du moment que l'on sèvre un peuple des jouissances grossières, il faut se hâter de lui en offrir d'innocentes et de pures. Les plaisirs de la population d'Ars, ce sont les douceurs de la prière, les pompes religieuses, et surtout cette joie intime de la conscience que le sage appelle « un festin continuel. »

Aujourd'hui, comme au temps du saint Curé, la cloche appelle, chaque soir, dans la maison de Dieu, les pèlerins et les habitants du pays pour y assister à la récitation du Chapelet de l'Immaculée Conception ou du Saint-Rosaire, faire la prière en commun, et entendre la lecture de la vie du saint du jour. On prie ensuite aux intentions de tous ceux qui se recommandent à la piété de la religieuse assemblée, et l'on se retire le cœur satisfait, la paix dans l'âme et béni par le Seigneur.

Non-seulement les Missionnaires, gardiens du saint tombeau, n'ont laissé disparaître ou se ralentir aucune des pratiques de dévotion déjà implantées dans la Paroisse par l'homme de Dieu, mais pénétrés de son esprit, ils en ont établi plusieurs qui ont pour but d'assurer le fruit de son long et glorieux apostolat. Tout le monde connaît aujourd'hui l'existence de ces seize retraites prêchées depuis le commencement d'avril, jusqu'à la fin de novembre, et s'ouvrant le premier et le troisième lundi de chaque mois. C'est une invitation, en quelque sorte continuelle, adressée aux pécheurs pour les engager à venir se purifier de leurs souillures, dans le bain sacré de la Pénitence. C'est un appel fait aux justes pour les convier à se retirer, pendant quelques jours, du tumulte du monde, et à retremper leurs âmes dans le recueillement, la méditation et la prière.

Pouvait-on rien imaginer de plus en harmonie avec le zèle incomparable de M. Vianney dont la vie tout entière se passait dans la chaire évangélique pour instruire, ou dans le saint tribunal, soit pour exercer la miséricorde et absoudre les consciences coupables, soit pour encourager les âmes justes et ranimer l'amour divin dans leurs cœurs ?

Tout nouvellement encore, il vient d'éclore, sur la tombe du saint Curé, une nouvelle fleur de piété, qui n'offre qu'un intérêt local, et cependant ne laisse pas d'exhaler un délicieux parfum.

Chacun sait avec quelle sollicitude le saint Pasteur a toujours veillé sur l'innocence des jeunes filles de sa Paroisse. C'étaient là les agneaux de prédilection de son troupeau, et il n'a jamais reculé devant aucun sacrifice pour en éloigner jusqu'à l'ombre du péril. Il n'y avait cependant pas à Ars de congrégation proprement dite pour les réunir. Ce défaut d'organisation les isolait les unes des autres, empêchait les meilleures de se connaître, et les privait du secours puissant de l'exemple mutuel et de la réciproque influence.

M. l'abbé Morel, vicaire de la Paroisse, vient de remédier à des inconvénients si graves par une création ingénieuse. Grâce à ce plan nouveau, les Enfants de Marie se gouvernent ici par elles-mêmes ; ce sont elles qui admettent les prétendantes ou les repoussent, elles punissent les délinquantes et veillent à l'observation exacte des moindres points du règlement.

Le Directeur ne paraît dans les réunions qu'une seule

fois par mois, et, comme il me le disait lui-même, « pour frapper les plus grands coups. »

Les avantages de cette organisation précieuse consistent surtout à dégager le Prêtre de toute responsabilité odieuse, et à lui gagner la confiance des cœurs, en lui permettant d'intervenir, quand il lui plaît, en médiateur et en père.

Mais voici une dévotion récente dont l'établissement aurait causé au saint Curé une joie inénarrable s'il l'avait vue se fonder de son temps, dans son église bien-aimée.

M. l'abbé Toccanier, dans un pèlerinage qu'il fit à la Ville éternelle, pendant le carême de 1869, ne put remarquer, sans attendrissement, la pratique en usage à Rome, de baiser les pieds de la colossale statue en bronze de saint Pierre, dans la Basilique du Vatican.

Se souvenant alors de la dévotion toute particulière du saint Curé pour le glorieux Prince des Apôtres, il conçut le projet de se procurer une statue semblable à celle qu'il contemplait, et de lui rendre des honneurs analogues dans la paroisse d'Ars.

Il n'y a rien qu'un zèle sage et courageux ne puisse entreprendre. Il apercevait bien, derrière les vitrines des marchands d'objets en bronze, de superbes reproductions de la précieuse statue ; mais le prix en était élevé, et il se voyait loin de pouvoir faire face à une dépense si considérable.

Pour suppléer à l'insuffisance de ses ressources personnelles, il ne recula pas devant la pensée hardie d'ouvrir, dans Rome même, une souscription en faveur de son pieux dessein. Chose merveilleuse ! Quand on sait que la statue est destinée à l'église d'Ars, les cœurs se sentent émus au souvenir du saint Curé, et les bourses s'ouvrent avec une libéralité tout à fait inattendue. En peu de jours, la somme nécessaire se trouve réunie, et la précieuse statue est acquise aussitôt.

Pour comble de bonheur, le doux et bienveillant Pie IX consent à la bénir lui-même, et par un bref en due forme, du 20 avril 1869, il accorde, aux conditions ordinaires et à perpétuité, cinquante jours d'indulgence applicable aux défunts à quiconque baisera dévotement les pieds de la nouvelle statue ; c'est-à-dire, la même indulgence dont jouissent ceux qui rendent cet hommage au saint Pierre du Vatican.

La joie de M. Toccanier est immense, et bien grande fut, à son arrivée, l'émotion des pèlerins et des religieux habitants de la paroisse d'Ars. Une statue de saint Pierre, venant de la Ville éternelle, bénite par Pie IX, indulgenciée par un bref émanant de sa vénérable main, que de trésors contenus dans un seul !...

Pour répondre à l'enthousiasme des esprits et à l'élan des cœurs, il fallait inaugurer la précieuse statue par une fête solennelle ; et c'est, en effet, ce qui eut lieu. Le 29 du mois de juin, jour même de la solennité du grand Apôtre, plusieurs prêtres se rendirent à Ars, pour contribuer, par leur présence, à l'éclat de la religieuse manifestation.

M. le Curé de la ville de Trévoux, en qualité de Curé doyen, préside la cérémonie. Quatre prêtres en chasuble, chargent sur leurs épaules la statue du Saint, posée sur un riche brancard. Les prêtres restés libres forment un nombreux cortége, et alors se déroule une longue et brillante procession, à la suite de laquelle on dépose le Saint sur son trône de marbre. En ce moment, prêtres et fidèles viennent s'incliner devant le Prince des Apôtres, et faire un acte de foi solennel, en lui baisant respectueusement les pieds.

A partir de ce jour, le culte de saint Pierre fut établi dans le sanctuaire d'Ars, et les flots de pèlerins, sans cesse renouvelés, viendront, durant des siècles, lui offrir le tribut empressé de leurs religieux hommages. La dévotion ne date, pour ainsi dire, que d'hier, et déjà le bronze des pieds commence à se polir et à briller. Il ne faudra pas un nombre considérable d'années, à l'ardeur des pèlerins, pour entamer le métal, et l'user par des baisers.

CHAPITRE IX

Le Serviteur de Dieu détermine la fondation d'un pensionnat de jeunes gens dans sa paroisse. — Humble début de cette œuvre, développement qu'elle prend dans la suite. — Origine de la Congrégation des Enfants de Marie. — Notice sur la vie et la mort de Jean-Baptiste Pirasset.

Il est des œuvres fondées par le saint Curé qui sont devenues plus florissantes depuis qu'admis dans la gloire, il peut plaider lui-même leur cause auprès de Dieu. Tel est, par exemple, le Pensionnat ouvert à Ars, en 1849, par les Frères de la Sainte-Famille, à la jeunesse des pays environnants, et qui a vu, dans ces derniers temps, se produire dans son sein une efflorescence de vertu inconnue jusqu'alors.

Au reste l'homme de Dieu l'avait prédit aux Frères zélés qui ont entrepris cette grande œuvre.

Ils venaient à peine de s'installer dans sa paroisse pour y prendre la direction d'une école gratuite, dont il avait fait tous les frais, que déjà des parents aisés donnaient leur confiance à ces nouveaux maîtres et les pressaient de recevoir leurs enfants sous leur toit, en qualité de pensionnaires.

Le Frère Directeur hésitait à accueillir cette demande. Il lui semblait bien hardi de tenter une pareille entreprise au sein d'un village de quelques centaines d'habitants, et placé, pour ainsi dire, à la porte de plusieurs grandes villes, toutes pourvues d'établissements semblables. Dans sa perplexité, il communiqua ses doutes au saint Curé, et il lui demanda le secours de ses lumières. M. Vianney ne fit pas longtemps attendre sa décision. « Oui, mon ami, dit-il, fondez un pensionnat et vous réussirez ; vous verrez que de jeunes âmes vous allez ravir au *grappin* [1]. »

Cette parole descendue du Ciel fit une impression si profonde sur le cher Frère Directeur, qu'elle dissipa toutes ses incertitudes et lui inspira autant de confiance dans le succès de l'œuvre qu'il avait auparavant ressenti de défiance et d'appréhensions. Il poussa même l'ardeur si loin qu'il accepta des pensionnaires avant d'avoir un local pour les loger. A la sollicitation de M. le Curé, M. le Maire consentit à céder la maison commune pour y recueillir les élèves déjà offerts, et ce fut là que le Pensionnat eut son berceau.

Cette petite plante, ainsi semée dans l'ombre, et sur un terrain d'emprunt, a grandi depuis, elle est devenue un grand arbre sous les branches duquel vient s'abriter et croître une nombreuse et intéressante jeunesse. L'air pur de la campagne donne aux élèves d'Ars une vigueur salutaire, tandis qu'une instruction soignée et profondément chrétienne jette dans leurs cœurs encore tendres les fondements d'une vie pleine d'avenir, et déjà pliée au joug de la vertu.

---

(1) Grappin était le nom de guerre que M. Vianney donnait au démon.

Il suffit d'avoir vu, une seule fois, ces jeunes visages épanouis pour être assuré que la paix de l'innocence règne dans leurs âmes. Le vice qui, ailleurs, dévore souvent les premières fleurs, prémices de la jeunesse, n'a pas de prise sur ces cœurs heureusement isolés de l'air contagieux des villes, et que des Maîtres dévoués entourent sans cesse de leur sollicitude comme d'un cercle préservateur.

Mais dans les jardins les mieux cultivés, toutes les plantes n'atteignent pas un égal développement; il y en a qui paraissent privilégiées, et sont douées par la nature d'une bien plus grande aptitude à s'assimiler les éléments de vie qui sont cependant prodigués à toutes. Il en est de même dans le pieux Pensionnat des Frères de la Sainte-Famille d'Ars.

Tous les jeunes gens qui l'habitent, participent avec profit au même trésor d'instruction religieuse et s'abreuvent à la même source des sacrements; mais il en est qui laissent loin derrière eux, dans la carrière de la vertu, le reste de la bande, et courent, on peut le dire, à pas de géant.

Nous sommes heureux de confirmer par une preuve sensible ce que nous venons de dire, et d'esquisser à grands traits le tableau d'une de ces courtes existences remarquables par le développement rapide de leurs vertus. La mort, qui vient d'enlever à la terre notre jeune héros, l'a mis en sûreté contre les atteintes de la vaine gloire, et nous permet de le louer sans crainte.

Le 28 novembre 1865, une dame de Lyon présentait

au cher Frère Athanase, Directeur de l'Établissement, son plus jeune fils, Jean-Baptiste Pirasset, et le lui recommandait avec toute l'ardeur d'une mère qui confie le trésor de ses espérances et de ses plus chères affections.

Mme Pirasset était veuve, et appartenait à cette classe d'artisans honnêtes et laborieux à qui un travail assidu tient lieu de fortune, en leur procurant une modeste aisance. Elle voulait avant tout que l'on fît de son enfant un chrétien solide, afin qu'il pût devenir plus tard un ouvrier irréprochable, capable de soutenir les traditions d'honneur maintenues dans la famille.

Pendant que Mme Pirasset exposait de la sorte ses nobles sentiments, et faisait pressentir tout le fruit qu'elle se promettait de l'éducation dont elle venait solliciter le bienfait, le cher Frère Directeur était tout occupé à considérer les allures du nouvel élève, et cherchait à deviner, dans les traits de sa physionomie, s'il y avait en lui un fonds suffisant pour réaliser tant d'espérances.

L'impression qui résulta de cette observation scrutatrice n'était pas tout à fait favorable à celui qui en était l'objet. L'enfant, alors âgé de douze ans, avait une taille au-dessus de son âge, son tempérament semblait affaibli par suite de ce développement physique trop précoce, et il était à craindre que cet état valétudinaire ne fût un obstacle à ses succès dans les études. La physionomie d'ailleurs marquait de l'intelligence, la figure était ouverte, le front haut et l'œil pétillant. L'ensemble du caractère paraissait être la gaieté, la franchise et l'ingénuité.

Il caressait volontiers sa mère, et il était facile de reconnaître en lui les signes d'un excellent cœur.

Mais toute cette harmonie d'expression et de sentiment était désagréablement heurtée par un défaut extrêmement saillant, qui est d'ordinaire de mauvais présage.

L'enfant était d'une mobilité effrayante ; sans cesse en mouvement, il souffrait visiblement du moindre instant de repos, et dans cette agitation fébrile, il n'y avait jamais rien de mesuré ni de doux ; tous ses trépignements étaient brusques, tous ses gestes convulsifs et saccadés.

Pour comble de malheur, l'innocence de son âme avait perdu quelque chose de sa première limpidité : la société de quelques camarades mal choisis lui avait été funeste, et des lectures suspectes avaient encore développé les impressions dangereuses.

Tel était à peu près le jeune Pirasset lorsqu'il parut, pour la première fois, dans les parloirs du Pensionnat des Frères d'Ars. Qui aurait pensé alors que cet enfant si défectueux deviendrait un jour le modèle de tous ses compagnons d'étude, l'objet de leur vénération et un apôtre zélé qui transformerait l'Établissement, en y faisant fleurir les plus pures vertus? Il lui fallut du temps pour acquérir ce degré de perfection; et en attendant qu'il devînt la consolation de ses maîtres, il exerça terriblement leur patience.

Il est même probable que si, au lieu de se trouver sous une direction qui a pour base un dévouement sans bornes, et un sincère amour pour la jeunesse, Pirasset eût été placé en face d'une de ces disciplines de fer plus propres à briser les natures qu'à les redresser et à les perfectionner, il aurait grandi avec tous ses défauts, et l'on n'eût jamais soupçonné le riche fonds qu'il cachait sous une écorce si grossière.

Il ne put, en effet, être dompté que par la force de l'amitié et l'empire de la tendresse.

Lorsque l'habile Directeur, à force d'observation et d'étude, eût constaté que son jeune disciple n'était accessible que par le cœur, il s'en fit sincèrement l'ami, et il acquit sur cette âme insaisissable une influence absolue. L'enfant ne changea pas, sans doute, de nature ; loin de là, il conserva jusqu'à la fin sa mobilité phénoménale et sa fougue à peine croyable ; mais au milieu de ses plus graves oublis, il suffisait d'un signe pour le fixer et le rappeler à l'ordre.

Il y avait surtout un mot qui exerçait sur lui un effet pour ainsi dire magique, et semblait le transformer tout à coup comme par enchantement ; ce mot était celui-ci : « Pirasset, mon ami, vous me faites de la peine. » Cette parole, tout amicale, avait tant de puissance sur son admirable cœur, qu'il fallait prendre garde avant de la prononcer, car elle pouvait amener des résultats très-inattendus.

Un jour, le cher Frère Directeur ayant remarqué un levain de dissipation qui commençait à fermenter dans l'Établissement, vint trouver les élèves pendant qu'ils étaient tous réunis, et leur fit quelques reproches paternels. Ses plaintes furent très-modérées, il ne nomma pas même les coupables. Malheureusement il prononça la parole si fatalement efficace : « Mes amis, quelques-uns d'entre vous m'ont fait de la peine. » Le cher Frère n'avait nullement en vue Pirasset ; il savait même qu'il était tout à fait innocent du principe de désordre qu'il venait de signaler ; aussi fut-il très-surpris de le voir tout à coup se cacher le visage dans ses mains, et éclater en sanglots, mais il était encore loin de soupçonner quelles allaient être les suites de cette violente émotion.

Les élèves sortent à l'heure même ; c'était le moment de la récréation. Pirasset suit ses condisciples, toujours en sanglotant. A peine dehors, il cherche d'un œil en courroux celui de tous les élèves qui a le plus contribué au désordre, va droit à lui, et le souffletant sur l'une et l'autre joue, il lui dit : « C'est toi qui as fait de la peine au cher Frère ; voilà ce que tu mérites ; si tu ne te corriges pas, tu auras affaire à moi, et tu en verras bien d'autres. » Le Frère surveillant accourut aussitôt pour mettre fin à cette étrange scène ; mais, quelque rapides que fussent ses pas, il ne put empêcher le double soufflet.

Ce qu'il y a peut-être de plus étonnant dans tout ceci, c'est que pas un de ses camarades ne pensa à s'offenser d'un procédé semblable. Au contraire, ils trouvèrent que Pirasset avait raison, et ils auraient été sincèrement affligés si on l'eût puni pour avoir si bien fait justice.

Au reste, il était encore plus sévère pour lui-même qu'à l'égard des autres. Il lui arriva pendant une classe d'adresser quelques paroles un peu vives à son maître, à la suite d'une correction tout à fait inattendue. A peine se fut-il aperçu de sa faute qu'il lui en demanda aussitôt pardon, à genoux, fondant en larmes, et en présence de tous ses condisciples.

Son affection pour ses bons maîtres se manifestait sous les plus gracieuses formes. Ainsi, pendant les promenades, l'une de ses occupations les plus douces consistait à cueillir des fleurs pour leur en composer des bouquets. Cette tendresse de sentiment lui inspirait même des paroles d'une courtoisie et d'une délicatesse au-dessus de son âge. Un jour qu'il prenait part à un jeu de cachettes, il alla s'abriter derrière un Frère, en disant : « Les chers Frères sont notre refuge partout, même en récréation. »

Cette affection extrême qu'il portait à ses maîtres ne nuisait en rien à celle qu'il devait à ses condisciples. Il les aimait à un tel degré que rien ne lui coûtait quand il s'agissait de leur être agréable. Ses camarades avaient même besoin de se surveiller, en sa présence, pour ne pas lui occasionner, malgré eux, de véritables sacrifices. Un objet avait beau lui tenir à cœur, s'il s'apercevait que l'un d'eux le désirât, il le contraignait aussitôt à l'accepter.

Il ne se serait jamais pardonné d'avoir contristé le plus petit d'entre eux. Un jour, dans un de ces emportements qui échappaient encore à sa nature bouillante, il s'oublia envers un élève jusqu'à lui dire quelques paroles pénibles, et même à lui donner des coups. Mais bientôt rentré en lui-même, il a horreur de son action, et foulant aux pieds tout respect humain, il tombe publiquement à genoux devant l'enfant, lui demande pardon

d'une voix étouffée par la douleur et par les larmes, et
ne se relève qu'après avoir obtenu un facile et généreux
pardon.

C'était surtout les jours où l'on fêtait quelque membre
de la maison, que la bonté de son cœur éclatait dans
toute son étendue. Il voulut que les fêtes de ses maîtres
se célébrassent avec un grand éclat. Il devenait lui-même
l'âme de tous les préparatifs, et, sous l'inspiration de
l'amour ardent qu'il leur portait, il organisait d'étonnantes ovations et de touchantes surprises.

Il pensa ensuite que les élèves de la maison ne formant tous ensemble qu'une famille de frères, il serait
bon de fêter le patron de chacun d'eux et de donner ainsi
à tous, en particulier, des gages d'une sincère affection.
Concevoir ce délicieux projet et le mettre à exécution fut
l'affaire d'un moment. C'est de lui que date l'usage, on
ne peut plus louable, d'offrir à chaque enfant, le jour de
sa fête, un petit présent acheté à l'aide d'une contribution
minime fournie par la générosité de tous.

Le pensionnat d'Ars est peut-être l'unique établissement où règne une si touchante coutume. Il serait bien à
désirer qu'elle existât partout ailleurs. Rien ne serait
plus propre à introduire, parmi les élèves d'une même
maison, cet esprit de fraternité chrétienne qui perfec-
tionne le cœur, et élève le niveau des plus précieux sentiments.

Pirasset était déjà le modèle de ses condisciples, la joie
et la consolation de ses maîtres, lorsque, pendant une
mission prêchée dans la paroisse d'Ars, en décembre

1866, par les R.R. Pères Capucins de Lyon, une nouvelle effusion de grâces vint le transformer encore, et
l'aider à mettre la dernière main à la perfection de sa vertu.

Le pieux élève sentit naître en son cœur une confiance
illimitée pour le R. Père Henry, l'un des deux prédicateurs
qui évangélisaient le pays, et il s'abandonna sans réserve
au souffle de son zèle. Le prudent religieux parvint facilement à démêler dans cette âme si limpide le grand
fonds de vertu qu'elle renfermait, ainsi que les germes
des défauts qu'il fallait se hâter d'étouffer. Il s'attacha à
l'enfant et lui dicta les règles de conduite les plus sages.

Il lui prescrivit, entre autres choses, de s'approcher
tous les quinze jours du tribunal sacré de la Pénitence,
ainsi que de la Table sainte, si toutefois son confesseur
lui en laissait la liberté. Pirasset prit ce conseil à la lettre, et s'y montra fidèle le reste de sa vie. Une seule fois,
son confesseur ordinaire s'étant absenté, il avait résolu
de l'attendre, afin d'éviter l'ennui de s'adresser à un
autre, qu'il croyait moins au courant de sa conscience.
Mais au bout de trois semaines, il lui fut impossible de
résister au besoin qu'il éprouvait des Sacrements, et il
passa généreusement par-dessus toutes ses répugnances :
« Il y a trois semaines, dit-il à son maître, que je ne me
suis point confessé, aussi je sens que cela ne va plus bien. »

L'époque de cette mission fut une date précieuse dans
la vie du jeune Pirasset. Il eut alors une inspiration qui
allait, à son insu, le transformer en apôtre et le rendre
l'instrument d'un bien incalculable.

Plein du désir de s'amender de ses défauts, et, en

même temps, pénétré d'une salutaire défiance de lui-même, il comprit qu'il ne pourrait jamais triompher des saillies de sa nature fougueuse sans un secours spécial de la grâce. Il pensa que le moyen le plus efficace de l'obtenir, c'était de la solliciter, par l'intermédiaire de la Vierge Marie. Afin de s'assurer cette protection toute-puissante, il se procura une statuette de cette tendre Mère, et il se mit à lui adresser, aussi souvent qu'il le put, une touchante prière qu'il composa lui-même; nous la rapporterons plus loin.

Il serrait son cher trésor dans son bureau d'étude, et jamais il ne se mettait au travail sans lui payer son filial tribut. Malgré toutes les précautions qu'il prenait pour ne pas laisser soupçonner ses saintes pratiques, son condisciple, le plus voisin, ne tarda pas à s'en apercevoir. Touché de cet acte si pieux, il lui demanda la faveur de s'y associer. Pirasset y consentit, mais à la condition expresse de tenir la chose secrète. Trois ou quatre autres amis vinrent encore s'unir à eux ; mais ne voulant pas laisser transpirer au dehors leur pieuse ligue, pour le moment ils s'en tinrent là.

Le matin du jour où devait avoir lieu la clôture de la mission, l'enfant fut obligé de se rendre à l'église, plus tôt que de coutume, pour servir une messe.

N'ayant pas eu le temps de faire sa petite prière habituelle, il alla s'agenouiller à la porte de la sacristie, puis tirant secrètement sa statuette, il s'acquitta dévotement de sa pratique favorite. Le Père Henry se trouvait là, et déjà au courant de ce qui se passait, par la pieuse indis-

crétion du premier associé, il soupçonna la nature de
l'acte que son jeune pénitent accomplissait avec tant de
de ferveur. Il appelle l'enfant et lui demande ce qu'il
vient de faire. A cette question inattendue, celui-ci demeure tout interdit ; il hésite, il rougit, puis s'abandon-
nant à sa franchise naturelle, il découvre ingénument tout
le mystère. Le Père lui dit : « Avez-vous parlé de cela au
cher Frère Directeur ? — Non, mon Père. — Il faut
le faire, mon enfant, il y a là le principe d'un grand
bien. »

Pirasset, toujours obéissant, raconte tout à son Maître
et lui déclare en même temps que l'idée lui est venue de
fonder, avec ses condisciples les plus fervents, une congrégation d'Enfants de Marie. Le cher Frère l'encourage
vivement dans son dessein, et le pieux élève se met aussitôt à l'œuvre. Il réunit les quelques autres membres
déjà associés, et ils délibérèrent ensemble sur le projet
de fondation.

Le résultat de ce petit congrès d'enfants dont l'Esprit
de Dieu a, tout à coup, mûri la sagesse, dépassa tout ce
qu'on pouvait en attendre. La réunion finie, Pirasset
aborde le Frère Directeur et lui dit : « Eh bien ! notre
résolution est prise ; la Congrégation des Enfants de Marie va être créée. Mais, je vous en prie, laissez-nous le
soin d'admettre et de repousser qui nous voudrons. Vous
êtes tellement bon que, si vous entrez dans nos délibéra-
tions, vous ouvrirez la porte à des sujets qui n'en seront
pas assez dignes. Voyez-vous, il faut que les Enfants de
Marie soient irréprochables et forment l'élite de l'Éta-

blissement. Laissez-nous à notre propre inspiration, et vous nous jugerez à l'œuvre. »

Le Frère Directeur, étonné d'un semblable langage de la part d'un enfant, déclare qu'il ne veut influer en rien sur leur détermination. Les jeunes fondateurs se retirent satisfaits et dressent, à l'instant, le règlement suivant :

ASSOCIATION DES ENFANTS DE MARIE

SOUS LE PATRONAGE DE SAINT LOUIS DE GONZAGUE.

RÈGLEMENT.

1º Cette Association est formée dans le but d'honorer, d'une manière spéciale, la très-sainte Vierge, et d'obtenir de Dieu, par sa puissante intercession, toutes les grâces dont les Associés peuvent avoir besoin, surtout de bien réussir dans leurs études, et la pureté de l'âme et du corps.

2º L'Association prend pour protecteur saint Louis de Gonzague, patron et modèle de l'écolier vertueux et dévoué à la très-sainte Vierge.

3º Pour être reçu dans l'Association, il faut en faire la demande au Président ou à l'un des membres du Conseil, qui ensuite propose le postulant au Conseil réuni.

4º Avant d'être admis, le postulant est soumis à une épreuve qui ne peut être moindre de quinze jours.

Pendant ce temps, il se livre aux pratiques de piété

en usage dans l'Association, et c'est par sa fidélité à les observer qu'il obtient d'être admis.

5° L'admission est prononcée à la majorité des voix du Conseil ; elle consiste à être inscrit sur le registre de l'Association, après avoir promis, en présence du Conseil, d'être fidèle aux pratiques de piété en usage dans l'Association, et à recevoir une statue de la sainte Vierge.' Le nouveau reçu fera une petite offrande, s'il le peut, pour payer la statue et couvrir les autres frais de l'Association.

6° L'Association se compose de membres effectifs et de membres honoraires. Ne peuvent être membres effectifs que les élèves internes et externes pendant leur séjour dans l'Établissement. A leur sortie, ils pourront continuer à en faire partie, mais comme membres honoraires seulement.

Tous remplissent les obligations imposées dans l'Association.

7° L'Association est régie par un Conseil composé d'un président, d'un vice-président, d'un trésorier et d'un nombre illimité de conseillers. Le cher Frère Directeur en fera partie, mais avec voix consultative seulement.

MM. les Missionnaires sont priés de vouloir bien remplir les fonctions d'aumôniers.

8° Les pratiques de piété auxquelles s'engagent les membres de l'Association, sont les suivantes : 1° A réciter, chaque jour, devant la statue de la sainte Vierge, au commencement de l'étude du matin et à la fin de celle du soir, les prières suivantes :

PRIÈRE DU MATIN.

O tendre Mère, nous nous prosternons à vos pieds pour implorer votre secours pendant notre étude, et pour nous faire éviter le péché ; nous pensons, ô tendre Mère ! que vous ne dédaignerez pas de nous exaucer, nous qui sommes vos enfants. Je vous salue, Marie, etc. [1].

PRIÈRE DU SOIR.

O Marie ! notre bonne Mère, nous nous consacrons à vous dès ce moment pour toute notre vie. Daignez veiller sur nous et nous protéger, afin que nous puissions arriver au bonheur éternel dont vous jouissez. Je vous salue, Marie, etc. [2].

Les associés s'appliqueront à être en tout les modèles de leurs condisciples par leur piété, leur obéissance, leur exactitude à remplir tous leurs devoirs.

Ils ne laisseront pas passer un mois sans s'approcher du tribunal de la Pénitence, et seront très-fidèles à suivre l'avis de leur Directeur spirituel pour la sainte Communion.

9° Seraient exclus de l'Association pour un temps illimité : 1° Celui qui, après plusieurs avis réitérés, retombera dans les mêmes fautes ; 2° celui qui aurait prononcé

1. Cette prière a été composée par J. B. Pirasset, et Mgr l'Évêque de Belley l'a enrichie de 40 jours d'indulgence.

2. Les membres honoraires peuvent faire quelque autre prière à leur choix et selon leur position.

Il n'est pas nécessaire de faire ces prières ostensiblement ni à genoux.

des paroles grossières ou impies ; 3° celui qui serait convaincu d'avoir manqué, pendant un temps considérable, et par négligence, à réciter les prières ci-dessus ; 4° celui qui dirait une parole contre les mœurs ou ferait une faute contre la sainte vertu, serait exclu, et ne pourrait être reçu de nouveau que l'année suivante et après un temps d'épreuve convenable.

L'exclusion est prononcée par le Conseil réuni et à la majorité des voix.

10° L'Association aura une réunion générale à peu près tous les quinze jours, le dimanche, autant que faire se pourra.

Les membres honoraires pourront y assister.

Cette association fut à peine connue que les meilleurs élèves aspirèrent à en faire partie, et, pour plusieurs d'entre eux, les épreuves commencèrent aussitôt. Le temps de l'admission venu, l'examen des postulants se fit avec une rigueur extrême, et le Conseil n'admit que les sujets irréprochables.

Pirasset, déjà fondateur, fut élu Président, et il remplit les devoirs de sa charge avec la conviction qu'il accomplissait une mission grave. Un de ses condisciples lui dit : « Tout ceci ne sera qu'un feu de paille. » Pirasset lui répondit sur-le-champ, d'un ton qui déconcerta le railleur : « Eh bien, viens l'éteindre. » Cette pensée qu'il travaillait à une œuvre sainte le transformait chaque fois qu'il s'en occupait, et imprimait à toute sa personne un air de maturité et de sagesse que l'on ne pouvait assez admirer.

Les jours de réunion, il invitait ordinairement un Frère pour présider et faire l'allocution ; mais si, par hasard, il était seul, il prenait la parole, et il s'exprimait avec tant d'énergie et d'autorité qu'il forçait les plus indociles à le respecter. Un jour, il dit : « Il y en a parmi vous, Messieurs, qui se relâchent dans la piété ; ils font de la peine aux Frères, disent des paroles inconvenantes, et offensent le bon Dieu. Que les coupables se tiennent pour avertis ; à moins qu'ils ne s'amendent, je leur déclare que je les ferai passer par le Conseil, et, s'il le faut, on prononcera leur exclusion. »

A ces mots, l'un des membres auxquels il faisait allusion lève légèrement les épaules, en souriant d'un air de dédain. A l'instant, le terrible Président l'apostrophe et lui dit : « Vous riez ; eh bien ! c'est précisément de vous que je parle. Continuez à vivre comme vous le faites depuis quelque temps, et vous verrez l'effet de mes menaces. » L'avis solennel porta ses fruits, l'élève relâché s'amenda et mérita, dans la suite, autant d'éloges qu'il avait provoqué de justes réprimandes.

En établissant la Congrégation des Enfants de Marie, Pirasset avait introduit dans la maison un élément de régénération profonde. Le renouvellement du pensionnat devint si sensible et si général, que le bruit s'en répandit même au dehors. Les chers Frères voulurent honorer une fondation si précieuse, en se faisant inscrire parmi les membres honoraires. Dans une visite qu'il fit au pensionnat, le supérieur général de la Sainte-Famille imita leur exemple. A leur suite, vinrent successivement les Missionnaires d'Ars, l'apostolique M. Camelet, leur supérieur général, et même M. le comte des Garets, maire d'Ars.

En présence d'encouragements si honorables, auxquels il avait été loin de s'attendre, Pirasset contenait avec peine les transports de sa joie. Oh ! mes amis, disait-il à ses jeunes confrères, remercions Dieu et la Vierge Marie ; que de saintes prières nous gagnons à de telles unions !

Mais un jour vint où le bonheur de l'heureux enfant ne connut, pour ainsi dire, plus de bornes : Mgr de Langalerie, évêque de Belley, écrivit lui-même son nom dans le précieux catalogue. Il réunit les jeunes membres de l'Association, leur parla avec amitié, et les nomma ses chers confrères.

Après cette réunion de douce et solennelle mémoire, le Prélat sortit ; mais Pirasset retint les Enfants de Marie, et d'un ton plein de gravité et d'émotion, il leur dit : « Avez-vous bien compris, Messieurs, tout l'honneur que nous venons de recevoir aujourd'hui ? Monseigneur est des nôtres !... Il nous a appelés ses chers confrères !... Savez-vous bien à quoi nous engage une faveur si grande ? Il faut désormais que les Enfants de Marie deviennent l'objet de l'édification générale. Quiconque se ralentirait dans la ferveur faillirait à l'honneur de notre corps, et se montrerait indigne d'en faire partie. »

L'œuvre des Enfants de Marie florissait, et la mission

de Pirasset était terminée. Aussi le Seigneur se hâta de lui ouvrir le Ciel, et de l'enlever à un monde dont la contagion n'aurait peut-être pas été sans dangers pour lui. Il était parvenu à sa dernière année scolaire, et déjà il devait penser à quitter ses vertueux condisciples, à dire adieu à ses bons maîtres, et à retourner dans sa famille, quand tout à coup il sent s'élever, au dedans de son cœur, des pressentiments de mort prochaine. De pareilles idées l'étonnent, mais sans l'effrayer. Il en parle avec calme ; déjà, il distribue de pieux souvenirs à ses intimes amis, et se prépare au terrible passage. Cependant rien n'annonce que ces sombres pronostics doivent s'accomplir, et personne ne songe à prendre au sérieux des paroles qui briseraient le cœur. Pour lui, il n'en doute pas, et bientôt l'on s'aperçoit que la voix qui l'avertit est descendue du Ciel.

Un transport au cerveau se déclare le mardi saint ; le mercredi saint les médecins avouent que les symptômes sont graves. Un courrier appelle la mère chérie du malade et M. Toccanier se présente à son chevet pour entendre sa dernière confession. L'excellent prêtre est tout ému à la vue d'une si grande jeunesse accompagnée de tant de résignation : « Eh bien, Pirasset, lui dit-il, si le bon Dieu t'appelait dans le Ciel ? — Comme il voudra ! » répond résolûment l'enfant.

La mère accourt en toute hâte ; l'entrevue est déchirante ; mais le jeune moribond ne se laisse point accabler par la douleur ; ses pensées ne sont déjà plus pour ce monde : « Maman, dit-il, je vais mourir. Je ne te demande qu'une grâce : c'est d'être enseveli près de papa, à la place où toi-même tu dois reposer un jour. »

Cependant le temps presse; la mort approche; elle est là !... Le saint Viatique est administré. A la vue du divin Jésus qu'il a tant aimé, son cœur tressaille, et dans l'ardeur qui le transporte, il oublie sa faiblesse et se dresse sur son séant, pour aller au-devant de son Dieu. Il communie avec la ferveur d'un ange, et muni du sacrement des mourants, il ne lui manque plus pour être heureux que de presser sur son cœur sa chère statuette de Marie. Il la demande : deux de ses condisciples courent et la lui rapportent. Il la prend avec une joie céleste, la regarde, l'embrasse, puis il la remet à ses amis, en disant : « La voilà !... Je vous la laisse, ayez-en bien soin. » Tel fut son testament. Il légua à ses jeunes compagnons d'étude son plus précieux trésor : la Vierge Marie.

Un Frère survient et lui offre quelques reliques du saint Curé d'Ars, il les place sur son cœur d'une main déjà languissante, et, sentant que la vie lui échappe, il enlace dans ses bras sa mère inconsolable, qui semble prête à mourir avec son fils. Il embrasse aussi le cher Frère Directeur, et d'une voix défaillante, il lui dit : « Je vous remercie de tout ce que vous avez fait pour moi. »

Ces devoirs remplis, il se recueille et ne veut plus s'occuper des choses de ce monde. Tout à coup, il se met à chanter à voix basse les Litanies de la très-sainte Vierge, s'accompagnant d'un léger mouvement de la main, comme pour marquer la cadence ; et après avoir murmuré ces mots : « Vierge des Vierges, priez pour nous, » il expire le jour du jeudi saint 14 avril 1870, à l'âge d'environ seize ans et demi.

Cessez de pleurer, ô pauvre mère, car votre enfant vit encore ; il s'est envolé vers les Anges et règne avec eux dans la gloire. Et vous, chers petits amis, dignes Enfants de Marie, souvenez-vous du vertueux Pirasset.

Il a été votre fondateur et votre modèle ; aujourd'hui, nous le croyons, il est votre protecteur au Ciel.

CHAPITRE X

Amour héroïque de M. Vianney pour les saintes âmes du Purgatoire. — Large part qu'il leur fait dans le mérite de ses souffrances. — Projet d'un Institut religieux en faveur des âmes souffrantes ; joie qu'en ressent le Serviteur de Dieu. — Il favorise la fondation de l'Institut par ses saintes prières.

De toutes les œuvres qui se sont développées au souffle du zèle si fécond de M. Vianney, et qu'il protége encore du fond de la tombe, il n'en est pas de plus admirable que celle des Religieuses auxiliatrices des âmes du Purgatoire.

Il faut, dès lors, en raconter l'origine et révéler au grand jour toute la part qu'il y a prise. Le dévouement aux âmes du Purgatoire a été l'un des traits caractéristiques du grand Serviteur de Dieu. On le sait, la souffrance était devenue comme le pain quotidien de son existence et il avait de préférence dressé sa tente sur le sommet du Calvaire. C'était là et non sur le Thabor qu'il disait : « Oh ! qu'il fait bon d'être ici ! »

La vie, sans la souffrance, ne lui aurait pas paru un fardeau supportable. Il disait un jour à Mlle Catherine, la confidente de ses pieux secrets : « Voilà deux jours que je ne souffre plus ; tout de même la vie serait bientôt intolérable sans souffrance. » Ce qui le faisait ainsi aspirer vers la douleur ce n'était pas la douleur elle-même. Quel est l'homme qui pourrait trouver du charme dans le déchirement et la mort? Mais il savait quel est, pour le chrétien, l'inestimable prix de la souffrance aux yeux de la divine miséricorde et il était extrêmement désireux de s'enrichir de ce trésor.

Cependant, ce n'était point pour lui qu'il se montrait avide des richèsses de la croix ; il avait fait deux parts de ses souffrances, s'en dépouillant en faveur de deux classes d'âmes. Il offrait pour les âmes du Purgatoire les souffrances de la nuit et celles du jour pour le retour à Dieu de ses bien-aimés pécheurs.

Le sort de cette double catégorie de Frères lui paraissait si déplorable qu'il pénétrait son âme d'une sorte d'effroi. Il n'y pensait jamais sans frémir et sans verser des larmes amères.

Tel était le secret de l'amour de M. Vianney pour la souffrance. Il éprouvait dans son cœur un désir irrésistible de remédier à des douleurs si profondes, et, pour y réussir, nul sacrifice ne lui coûtait. Il savait que le moyen le plus puissant et le plus efficace pour toucher le cœur de Dieu et l'obliger à ouvrir sur ces âmes malheureuses les trésors de sa miséricorde, est de s'offrir en victime et d'aller au-devant de toutes les douleurs : c'était cette pensée qui avait changé pour lui le Calvaire en Thabor.

Toute la personne du Serviteur de Dieu revêtait je ne sais quelle teinte d'ineffable tristesse, quand il parlait de l'abandon dans lequel on laisse les saintes âmes du Purgatoire. Sa parole devenait alors l'expression fidèle de la vérité, et l'on eût dit qu'il avait contemplé de ses propres

yeux les tourments qu'il décrivait. On sentait que l'imagination n'avait point de part dans le tableau qu'il tra-
çait ; il parlait comme un homme qui, ayant été témoin
d'une scène d'indicible détresse, se trouve encore sous
l'empire de l'émotion qu'il a ressentie, et ne peut l'exprimer que par des soupirs et des larmes.

Ce sentiment était si naturel et si vif, qu'il a toujours singulièrement frappé tous ceux qui approchaient l'homme
de Dieu. Certainement aucun des témoins de ce spectacle
attendrissant ne s'inscrira en faux contre moi, si j'ose
exprimer qu'il y avait des relations secrètes entre lui et
les saintes âmes du Purgatoire, et que, plus d'une fois, il
devait traiter sensiblement avec elles. Sans ce commerce
intime où donc aurait-il si bien appris la vérité ? Comment serait-il parvenu à la pleine clarté de cette vue qui
ne suppose ni distance, ni voiles ?

Ne voyons-nous pas dans les Vies des Saints que la
plupart de ceux qui se sont dévoués d'une manière spéciale aux âmes souffrantes, ont joui du privilége de leur
sainte familiarité ? Or, en trouve-t-on beaucoup, même
parmi les plus illustres, qui aient poussé plus loin, en
leur faveur, la générosité du sacrifice que le saint Curé
d'Ars ?

Ce qu'il y a de plus remarquable, c'est que M. Vianney
ne s'attendrissait plus seulement de la sorte, alors que la
présence d'une assemblée nombreuse pouvait contribuer
à l'émouvoir et à l'exalter, il portait sa douleur partout,
et l'exprimait avec la même tendresse jusque dans les
épanchements les plus secrets de l'amitié.

Déversant un jour son âme tout entière dans le cœur de M. l'abbé Tailhades, l'un des hommes qu'il a le plus aimés et auquel il a fait le plus de confidences, il déplorait amèrement l'oubli dans lequel nous laissons nos parents trépassés. C'est alors qu'il poussa en pleurant cette exclamation touchante : « Oh ! quel bien ferait dans l'Église de Jésus-Christ un tableau de chaque famille sur lequel seraient inscrits les noms de nos chers défunts !... »

Puissante efficacité de la parole d'un homme de Dieu ! Ce tableau existe aujourd'hui, et il ne tient qu'aux fidèles de se le procurer. M. l'abbé Toccanier, toujours pieusement à la recherche des désirs du saint Curé, afin, s'il est possible, de n'en laisser aucun sans le réaliser, a fait exécuter une composition aussi instructive que touchante intitulée : *Tableau de famille ou pieux souvenir des âmes du Purgatoire, d'après la pensée du Curé d'Ars.* Le dessin est disposé de manière à laisser libre l'espace suffisant pour inscrire les noms de tous les défunts d'une famille.

Telle est la production ingénieuse due à une parole du Serviteur de Dieu, épanchant sa douleur en secret et dans le sein de l'amitié.

M. Vianney était si pénétré du triste sort de ces âmes infortunées qu'il en parlait, pour ainsi dire, sans cesse, et il ne manquait jamais une occasion favorable pour inspirer aux autres les sentiments qui l'animaient.

C'est au milieu de ces préoccupations du jour et de la nuit qu'il apprit l'existence d'un projet, déjà médité depuis quelque temps, mais pour lequel Dieu se servit de son Serviteur pour faire connaître plus directement ses divines volontés. C'était la fondation d'un Institut religieux dont le but unique serait le soulagement des saintes âmes. du Purgatoire. Une nouvelle si douce le fit tressaillir de joie, et il encouragea toujours une idée qui répondait si bien aux plus chères tendances de son cœur.

Ici, je regrette la nécessité où je suis de révéler au grand jour un nom qui n'aspire qu'à se cacher, mais je m'y résous, forcé par les exigences de l'histoire.

Qui sait d'ailleurs si la lecture de ces pages n'ira pas éveiller au fond de quelques âmes une pensée généreuse, et faire naître en elles le désir d'augmenter le nombre déjà considérable des Religieuses Auxiliatrices, des filles bien-aimées du vénérable Curé d'Ars?

Conquérir des âmes à Jésus-Christ est une mission assez consolante et la source d'assez grandes grâces pour que je conçoive une telle ambition ; j'ajoute que cette pensée doit tout me faire pardonner.

Mlle Eugénie Smet, née à Lille (Nord), était, depuis quelque temps, préoccupée par une pensée qui ne tendait à rien moins qu'à la jeter dans l'entreprise la plus étonnante et la plus hardie.

« Dans l'octave des âmes du Purgatoire, 1853, écrit-elle, il me vint l'idée qu'il y avait des Ordres religieux pour tous les besoins de l'Église militante, et qu'il n'y en avait pas pour l'Église souffrante ; tout de suite la pensée me vint que j'étais appelée à le fonder. Je crus d'abord qu'étant d'une nature très-vive c'était là le fruit de mon

imagination; cependant cette idée ne me quittait pas :
alors je consultai, je fis prier, je suppliai Notre-Seigneur
de m'ôter cette idée de l'esprit si elle ne me venait pas de
lui; mais l'idée semble s'être emparée de moi d'une manière irrésistible. La pensée était, sans doute, excellente
en elle-même, mais qui pouvait assurer qu'elle venait véritablement du Ciel? Il fallait, pour résoudre un doute
de cette nature, un ami de Dieu qui eût la confidence de
ses secrets et pût les révéler aux hommes. Cet être privilégié, où donc était-il? »

Quoique demeurant dans le nord de la France, et loin
du théâtre que M. Vianney illustrait, Mlle Smet en avait
entendu parler et elle sentit une voix intime lui dire au
fond du cœur : « Voilà celui qui te frayera la voie. »
Docile à cette inspiration du Ciel, elle n'hésite pas à
chercher la lumière où l'esprit de Dieu la lui indique.
Mais dans ses démarches, elle pense qu'avant de rien entreprendre il faut prier et attendre que la Providence lui
manifeste par un signe sa divine volonté.

Pendant qu'elle est tout occupée à conjurer le Ciel, une
amie, Mlle W***, sans rien connaître de ses graves préoccupations, vient lui annoncer son prochain voyage à Ars,
et lui demander ses commissions. Évidemment le Ciel
parlait. Mlle Smet le comprit et pria son amie de savoir ce
que l'homme de Dieu penserait du projet qui l'agitait intérieurement.

Mlle W***, arrivée au terme de son pèlerinage, s'ac-
quitte fidèlement de la commission dont elle s'est
chargée, et le saint Curé lui répond : « Dites-lui

que pour un Institut pour les âmes du Purgatoire, elle l'établira quand elle le voudra. » M. Vianney voit cette œuvre tout à fait dans les vues de Dieu, et il lui semble que sa miséricorde n'attend qu'une âme assez généreuse pour oser l'entreprendre. L'intelligence et le dévouement de Mlle Smet le comprennent et elle accepte la réponse dans toute son étendue et avec une générosité parfaite.

Mais ici se présente une nouvelle difficulté. Les paroles du saint Prêtre expriment clairement, il est vrai, qu'elle doit contribuer à la fondation de l'Institut projeté ; mais est-ce en en faisant elle-même partie, ou seulement en usant de son influence pour l'aider à se créer? L'incertitude était d'autant plus naturelle que Mlle Smet passait sa vie entière à établir et à propager tous les genres de bonnes œuvres pour lesquelles on réclamait le concours de son zèle. Il fallait donc une solution plus précise. Ce fut encore au saint Curé qu'elle s'adressa pour l'obtenir, et voici en quels termes elle écrivit à M. l'abbé Toccanier, le 23 octobre 1855 :

« .... L'expression de M. le Curé me fait croire que je suis peut-être appelée à établir cette communauté, sans y entrer moi-même. Je vous avoue que je n'en comprends pas le sens ; je n'en connais pas davantage la volonté de Dieu sur moi. Oh ! je vous en prie, monsieur, donnez-moi la paix de l'âme, en me faisant connaître cette volonté par M. le Curé d'Ars. Ses lumières seront pour moi la voix de Dieu. Dès que je connaîtrai son opinion, il me semblera que Notre-Seigneur m'ouvre lui-même le chemin. » Puis elle ajoutait : « Mon désir est que M. le Curé pense devant Dieu à mon projet le 2 novembre, jour des Morts. »

La question était positive et la demande pressante; aussi la réponse fut aussi prompte que catégorique.

Dès le 11 novembre, M. Toccanier écrit :

« Mademoiselle,

» Votre si édifiante lettre m'est parvenue au Pont-d'Ain au milieu d'une retraite prêchée par notre digne évêque, Mgr Chalandon. C'était, comme vous le voyez, une occasion ménagée par la Providence, pour lui parler de vous et de vos projets. A mon retour à Ars, le jour de la fête des Morts, selon votre désir, j'ai exposé vos demandes à mon saint Curé, le priant de les méditer devant Dieu avant de me donner la réponse. Trois ou quatre fois, depuis cette époque, je lui ai adressé cette question, — toujours les mêmes réponses. Il pense que c'est Dieu qui vous a donné l'idée d'un si sublime dévouement, que vous ferez bien de fonder un Ordre dans l'intérêt des âmes du Purgatoire... Vous pourrez être sûre de deux choses. C'est qu'il approuve votre vocation à la vie religieuse et la fondation de ce nouvel Ordre, qui, selon lui, prendra dans l'Église une rapide extension. C'est assez pour prendre une détermination que vous réaliserez au moment et dans le lieu voulus par la Providence dont vous serez l'instrument fidèle. » Depuis, M. l'abbé Toccanier raconta à Mlle Smet que le saint Curé avait prié à genoux pendant une heure et que se relevant les yeux baignés de larmes, il s'était écrié : « *Voilà l'œuvre que Dieu demandait depuis long-temps.* »

Le caractère des âmes généreuses est de ne jamais re-culer devant la volonté de Dieu clairement manifestée. A la réception de la lettre si précise de M. l'abbé Tocca-nier, Mlle Smet inclina la tête et étouffa au fond de son cœur toute révolte, toute répugnance de la nature.

Il n'y avait plus à hésiter, le Ciel venait de se déclarer pour l'établissement de l'Institut, il ne s'agissait plus que de consommer le sacrifice et de partir pour Paris. Mais au moment même où la future fondatrice va s'en-gager dans une entreprise hérissée de difficultés, et dont il est impossible de prévoir humainement l'issue, mille vents se soulèvent comme une furieuse tempête. La chair et le sang font entendre leurs clameurs violentes, et la na-ture fait hésiter et chanceler le cœur sensible de cette âme.

« Je ne sais, écrit-elle, comment obtenir le consen-tement de ma famille chérie. J'en ai parlé en riant ; les scènes de désolation commencent, et je sens que mon cœur menace de faiblir. Le bonheur de mes parents est de vivre au milieu de leurs six enfants, et j'ai quatre sœurs qui ne peuvent pas entendre le mot de séparation pas plus que mon père et ma mère... Si je vous dis tout cela, monsieur, c'est que je désire vous expliquer ma position : depuis quinze jours, je ne vis plus ; le démon profite de cette agitation pour me mettre à la torture ; il y a des moments où il me semble que je vais voler, il y en a d'autres où je pleurerais, comme une grande enfant, toute la journée. Est-ce bien là la route que Dieu m'a tracée, et sa volonté sur moi que je dois exécuter quoi qu'il m'en coûte, malgré toutes les difficultés qui semblent surgir du côté de ma santé et de mes affections de famille ?

» Oh ! monsieur, je vous en prie, continuez à être mon bon ange. Si j'étais sûre positivement que je ne me trompe pas, que j'accomplis la volonté de Dieu, qu'il n'y a pas à hésiter, qu'il le faut, alors je ne craindrais plus de m'imposer un sacrifice au-dessus de mes forces. »

La lettre de Mlle Smet était datée du 18 novembre, et dès le 25 du même mois, M. l'abbé Toccanier lui transmettait la réponse suivante :

« Le bon Curé ne peut pas s'expliquer plus clairement. Pour sonder sa pensée intime à votre égard, je me suis permis de lui objecter la difficulté que vous trouviez dans une situation pénible pour votre cœur, plus encore pour votre famille, et le vide que votre absence produirait dans une paroisse où vous étiez comme l'âme des bonnes œuvres. A mon grand étonnement, lui, qui d'ordinaire ne conseille pas aux jeunes personnes de contrarier leurs parents, mais d'attendre en patience leur consentement, n'a pas hésité pour vous. Il dit que les larmes que la tendresse maternelle fera verser à vos parents, seront bientôt taries.

» Ne craignez donc pas de vous laisser embraser par le Cœur de Jésus, foyer de l'amour divin ; c'est lui qui saura lever tous les obstacles et vous établir l'ange consolateur des âmes du Purgatoire, ses épouses chéries. »

Pendant que les lettres s'échangeaient ainsi de part et

d'autre, le saint Prêtre priait, et ses ardentes supplications obtenaient une étonnante transformation dans les cœurs. Le 21 novembre, jour de la fête de la Présentation de Marie au Temple, la mère de Mlle Smet se trouvait tout à coup gagnée à la cause des âmes du Purgatoire, et prenait elle-même l'initiative pour annoncer à sa généreuse fille que, si c'était la volonté de Dieu, elle consentait au sacrifice de la séparation, et ne voulait plus mettre d'entraves à une vocation manifestement divine. C'était évidemment là le signal du départ. Aussi Mlle Smet ne prit que le temps nécessaire pour s'assurer les ressources indispensables à un début, et, dès le mois de janvier 1856, elle se trouvait à Paris.

Il avait semblé à la courageuse fille que, du moment où elle aurait résolûment dit adieu à la famille en rompant tous les liens de l'amitié et du sang, et qu'elle aurait imposé silence à son cœur, ses peines toucheraient à leur fin, et qu'il ne lui resterait plus qu'à se jeter en aveugle dans le sein maternel de la divine Providence. Mais hélas ! ces deux espérances disparurent d'abord et firent place à une amère déception.

Au lieu du secours qu'elle attendait, ce semble si justement, du Ciel, elle vit se dresser devant elle, comme autant de géants qui lui barraient le passage, mille difficultés en apparence insurmontables. Pour mettre le comble à une mesure d'amertume qui était déjà à son comble, elle se sentit assaillie par des douleurs corporelles si poignantes, que leur intensité excessive paraissait un obstacle impossible à renverser. Au fond d'un tel

abîme d'afflictions, où poussera-t-elle son cri de détresse ?
Qui appellera-t-elle à son secours ? C'est encore du côté
d'Ars qu'elle tourne ses regards, et le saint Curé qu'elle
invoque. M. Toccanier pansera encore ses plaies en lui
écrivant la lettre suivante :

« Monsieur le Curé sourit au récit de toutes vos épreuves, et il me fait la même réponse que j'ai transmise à
une sainte veuve dévouée à des œuvres de charité, en
proie à toutes sortes de persécutions. Dites-lui que ces
croix sont des fleurs, qui bientôt donneront leurs fruits.
Cette communauté ne peut manquer de réussir. Seulement vous saurez, vous, mademoiselle, ce qu'il vous en coû-
tera de sollicitude, de travail et de peine pour consolider
cette œuvre. Si Dieu est pour vous qui sera contre
vous ? »

Le 15 juin suivant, elle écrivait de nouveau : « Oh !
que je voudrais me transporter à Ars, et y respirer un
instant l'air du ciel !... Moralement et physiquement je
souffre dans Paris, où je suis installée depuis le 25 mars.
Sans tout ce que vous m'avez dit de la part du Curé d'Ars,
il est sûr, mon père, que je succomberais aux inquiétu-
des qui m'accablent. Je ne vous le cache pas et vous le
dis avec toute la sincérité qui me caractérise... Je suis
arrivée au moment décisif, il faut que je trouve une maison pour toutes les filles spirituelles que Dieu m'a données. »

M. l'abbé Toccanier ne peut lire de telles lignes sans
attendrissement ; il parle au saint Curé et le presse de venir en aide à de pareilles douleurs. L'homme de Dieu lui

envoie de nouveaux encouragements puisés au pied de la croix. Il faut, lui mande-t-il, que les âmes du purgatoire puissent dire aussi en parlant de vous toutes : *Nous avons sur la terre* des avocates qui savent *compatir* parce qu'elles savent *ce que c'est que de souffrir.*

A la réception d'une lettre qui équivaut à une sentence de crucifiement, elle prend acte de la promesse des fruits et prétend elle-même en déterminer la nature.

« Vous me dites, répond-elle, de la part de votre saint Curé, que mes croix sont des fleurs qui se changeront en fruits. Le premier fruit, c'est d'avoir pour supérieur M. l'abbé Gabriel, curé de la paroisse Saint-Méry. C'est un homme plein de l'esprit de Dieu, et qui a tout à fait à cœur le succès de notre œuvre. J'espère, pour second fruit, la maison et l'argent pour payer le loyer, car il faudra donner un trimestre d'avance. »

Rien n'était plus juste assurément que les prétentions de Mlle Smet. Exiger comme fruit de ses souffrances une maison convenable pour loger ses bien-aimées filles, et l'argent nécessaire pour en payer le loyer, pouvait-elle pousser plus loin la réserve et la modération ! Aussi la divine Providence lui avait-elle déjà ménagé l'un et l'autre.

Ne pouvant plus demeurer rue Saint-Martin, où s'est établie la petite communauté, dans un logement fort cher, et où ses filles manquent d'air, elle part en la société de son bon ange, et trouve rue de la Barouillère, 16, non sans avoir cherché et dans des circonstances qu'il serait bon de noter, une maison spacieuse avec un jardin tout

à fait convenable à ses projets. Mais ici encore une difficulté se dresse et paraît être insurmontable. Elle apprend
que trois communautés religieuses ont convoité le même
logement, et le propriétaire les a toutes éconduites en
protestant que sa maison ne deviendra jamais un couvent.
Mais comme il entrait dans les desseins de Dieu qu'elle
dressât ses tentes en ce lieu, Mlle Smet triompha. Ce fut
le 1er juillet qu'elle et ses bien-aimées filles prirent possession de ce logement. Mgr Sibour qui était au courant
des choses vint en personne le 18 août bénir la nouvelle
communauté : « Elle est, dit-il, le grain de sénevé qui
deviendra un grand arbre dont les rameaux s'étendront au
loin. »

La fondatrice, voulant profiter des dispositions bienveil-
lantes de l'auguste prélat pour enrichir son œuvre de précieuses faveurs spirituelles, se rendit à cet effet quelques
mois plus tard à l'archevêché. A la vue de tout ce que contient la supplique Sa Grandeur hésite. Mlle Smet insiste
et dit : « Monseigneur, les âmes du purgatoire tiennent
votre plume. — Croyez-vous? » répondit le prélat, et prenant la plume il apposa sa signature.

Cette scène touchante avait lieu vers le milieu de décembre et l'illustre Archevêque ne prévoyait pas alors
qu'un fer sacrilége allait le frapper, et que le 3 janvier
1857 il recueillerait dans le sein même de Dieu le fruit
de sa paternelle charité.

Le 27 décembre, jour de la fête de saint Jean, le disciple bien-aimé, Mlle Eugénie Smet qui avait déjà reçu le
nom de Marie de la Providence s'unissait à Dieu, à la tête

de ses cinq premières compagnes, par le quadruple lien des vœux en usage parmi les Religieuses Auxiliatrices. Dès lors, le nouvel Institut était fondé et le désir du saint Curé réalisé.

Malgré la générosité avec laquelle Mlle Smet acceptait les desseins de Dieu sur elle, son courage semblait parfois l'abandonner au milieu des épreuves de tous genres que sa fondation lui suscitait. Alors on la voyait écrire de nouveau à Ars pour y trouver force et confiance. C'est ainsi qu'un jour, après avoir jeté toutes les amertumes dont son cœur était rempli dans le cœur dévoué du saint Curé, elle reçut la réponse suivante :

« Mon saint Curé s'étonne de vous voir douter encore que ce soit par la volonté divine que vous souffriez, après vous être offerte comme victime pour les âmes du purgatoire. Insistant pour savoir ce qu'il pensait de cet état, il me répondait : Le bon Dieu veut ce martyre pour qu'elle attire sur elle et sa maison ses bénédictions. »

M. Vianney avait conçu une grande tendresse pour ses chères filles auxiliatrices. M. Toccanier lui disait au retour d'une visite qu'il leur avait faite à Paris :

« Toutes ces filles voudraient vous voir, priez bien pour elles. » Le saint Curé répondit : « Oh ! oui... les pauvres petites... elles le méritent bien. Leur œuvre est évidemment celle du bon Dieu. »

M. Toccanier ajouta : « Il est possible que la mère de cette famille religieuse vienne vous visiter. » A cette nouvelle, la physionomie du saint vieillard s'épanouit, et pendant que ses yeux jetaient des éclairs de joie, il dit :

« Oh ! tant mieux ! J'aime mieux sa visite que celle d'une Reine ! » Cependant il n'entrait pas dans les vues de Dieu que ce voyage s'effectuât pour Mlle Smet. Elle ne devait jamais voir le saint Curé. Dieu ne voulait établir que des rapports de pure foi entre son Serviteur et elle, afin que l'œuvre qu'il lui confiait ne fût que le résultat de la prière sanctifiée par les sacrifices. Le vénérable Curé ne cessa, durant toute sa vie, de donner à la pieuse communauté des marques touchantes de prédilection. On lui avait offert un jour une riche agate sur laquelle était ciselée la douce image de Marie. Il pensa qu'un présent de ce genre ferait plaisir aux Religieuses Auxiliatrices, et il la leur envoya.

Aujourd'hui que Dieu a rappelé à Lui son fidèle Serviteur, la Très-Révérende Mère Marie de la Providence est heureuse de penser que le saint Curé est encore son Père, et elle aime à perpétuer son filial souvenir parmi ses filles.

M. l'abbé Toccanier, à qui Dieu avait fait partager, à l'égard de cette petite famille religieuse, les sentiments dévoués qui animaient en sa faveur le vénérable Curé, s'était constitué son fidèle organe. Après la mort du saint prêtre il continua encore à donner aux Auxiliatrices des marques de sa profonde sympathie, en leur envoyant divers objets qui avaient été à l'usage du Serviteur de Dieu.

La pieuse ruche de la rue de la Barouillère a recueilli abondamment le fruit de sa puissante protection. Déjà elle a envoyé de jeunes essaims, d'abord à Nantes, et ensuite jusqu'en Chine. On m'assure qu'à l'heure où j'écris, de nouvelles émigrations se préparent, notamment pour Bruxelles. Évidemment la prophétie du saint Curé se vérifiera, et le nouvel Institut prendra dans l'Église une rapide extension.

Pendant que les *Annales de la Sainteté* étaient interrompues, Mlle Smet, fondatrice de l'Institut des Dames auxiliatrices du purgatoire, a été appelée par Dieu à recevoir la récompense de ses bonnes œuvres. Après deux années de souffrances, elle a été guérie de ses maux, ainsi que des âmes pieuses l'avaient annoncé, c'est-à-dire qu'elle était mûre pour le Ciel. Elle est morte le 7 février 1871, un peu avant les terribles événements de la Commune de Paris.

Nous avions été sobres de louanges envers Mlle Smet, parce que nous écrivions lorsqu'elle vivait encore. Si nous avions pensé que cette pieuse Fondatrice était si près de sa fin, nous eussions révélé bien d'autres secrets ; avant la mort il ne convient pas de louer, mais ceux qui sont dans le Ciel n'ont plus à craindre la louange. Mlle Smet a vu son Institut dans une pleine prospérité, et à l'heure présente le succès de cette œuvre ne cesse de grandir. Le doigt de Dieu est là.

CHAPITRE XI

Fondation du Monastère de N.-D. des Dombes. — Pèlerinage des
R. R. Pères Trappistes au tombeau du Serviteur de Dieu. Pieuse alliance. — Guérison instantanée d'un religieux trappiste. — Conversion de plusieurs membres d'une société de spirites, à Lyon. — Guérison d'une religieuse trappistine.

La tombe où repose la dépouille mortelle de M. Vianney, n'est, pour ainsi dire, scellée que d'hier, et cependant
la puissance de la vertu qni s'en élève est déjà si forte,
qu'elle attire non-seulement les pieux fidèles, les âmes
d'élite répandues dans le monde, mais les Ordres religieux les plus anciens et les plus renommés dans l'Église
pour leurs héroïques vertus ambitionnent aussi le bonheur de s'en pénétrer, afin de se perfectionner encore.

Le 1er octobre 1863 le monastère d'Aiguebelle voyait
sur le seuil de son austère enceinte, une scène émouvante, d'une incomparable grandeur. Le père abbé, dom
Gabriel, venait de remettre au pied de l'autel une croix
de bois au R. P. Augustin, dans le siècle marquis de la
Douze, en lui disant, comme autrefois le divin Sauveur à
ses apôtres : « Ayez confiance, j'ai vaincu le monde. »
Puis il donnait, en même temps, le signal du départ aux
religieux destinés à fonder le nouveau monastère de
N.-D. des Dombes.

Composée de quarante à quarante-cinq pères ou frères, la colonie s'avance ayant à sa tête le vénérable abbé d'Aiguebelle, qui, en sa qualité de Père spirituel, n'a voulu laisser à aucun autre le privilége de conduire ses fils émigrants vers leur nouvelle patrie. L'abbé de Staouéli, reconnaissable à sa barbe africaine et à l'énergique accentuation de ses traits, l'accompagne, ainsi que l'abbé de N.-D. du Désert, à l'air ascétique et mortifié, et le prieur de N.-D. des Neiges, douce et sympathique figure. Le nouveau prieur du futur monastère, le père Augustin, tient en ses mains cette croix de bois qui, pendant les rudes siècles du moyen âge, a présidé au défrichement de l'Europe. La croix de bois ouvrira la marche, et s'avancera à la tête de la colonie jusqu'au terme du voyage. — Les adieux sont déchirants, la séparation douloureuse, comme toutes les séparations de famille. L'on dit que plusieurs de ces cœurs virils et forts ont pleuré ; ils s'aimaient, ils se sont quittés sans se rien dire ; ils s'aimeront de loin comme de près, et se retrouveront au Ciel.

Par une inspiration qui ne pouvait venir que du Ciel, l'entrée des trappistes dans le diocèse de Belley devait se faire par Ars. Il était bien naturel, en effet, que le pèlerinage d'Ars et la Trappe du Plantay fissent alliance sur le tombeau du saint Curé. Les pieux voyageurs étaient attendus sur les trois ou quatre heures du soir ; les habitants de la paroisse, les pèlerins s'étaient rendus processionnellement à leur rencontre. Ils n'arrivent pas : on apprend qu'à Lyon ils ont manqué le train qui devait les

amener ; ils n'arriveront que le soir. De Villefranche à
Ars, toutes les paroisses qui bordent la route sont en
émoi. Les voilà ! voilà les trappistes ! Ils ont franchi
la Saône ! Toutes les cloches sonnent à la volée ; les bords
de la route se couvrent d'une foule avide de voir et de recueillir de saintes bénédictions. A Jassans, la première
paroisse qu'ils traversent, les religieux sont salués par le
curé comme des anges terrestres, envoyés par Notre Seigneur pour continuer dans le pays la vie de prière et de
pénitence du grand Serviteur de Dieu, M. Vianney. Cette
première scène est touchante ; elle se passe aux pieds
d'une statue de la sainte Vierge, devant laquelle se fait
entendre le chant du *Sub tuum* pour attirer sur les habitants de cette paroisse, sur leur digne pasteur et sur les
pèlerins la protection de la reine du Ciel.

Il est nuit, la pieuse colonie continue sa marche ; elle
est à Ars, la terre sainte, la terre des prodiges au
XIXe siècle ; tout le village est illuminé, la réception est
un triomphe.

M. Camelet, supérieur des missionnaires de Belley, et
en ce moment curé d'Ars, les accueille sur le seuil de
l'église et leur adresse ces éloquentes et chaleureuses
paroles :

« Vénérables pères, et vous frères bien-aimés,

» Le curé d'Ars a dit un jour : « Partout où les saints
passent, le bon Dieu passe avec eux. » Ces paroles ne
peuvent pas trouver une application plus heureuse que
dans la circonstance actuelle.

» Oui, nous apprécions vivement votre passage sur cette chère et fortunée paroisse. Nous y voyons tout à la fois un hommage éclatant rendu à la sainteté de notre bien-heureux père, et une source abondante de grâces pour nos chers paroissiens et nos pieux missionnaires. Com-ment notre cœur ne tressaillerait-il pas, dans un excès de bonheur, en présence de tant de bien ?

» Oh mes pères ! ô mes frères ! soyez les bienvenus ! Laissez-nous vous dire combien M. le maire et moi som-mes heureux d'être les premiers à vous accueillir à l'en-trée du diocèse ! combien nous nous réjouissons de pouvoir vous offrir une cordiale et fraternelle hospi-talité !

» Ce bonheur a des attraits si grands, que le vénérable supérieur des frères de la Sainte-Famille n'a pas voulu nous en laisser jouir tout seul : il est accouru de loin pour vous ouvrir aussi son pieux Établissement, et pren-dre sa part d'une fête dont la date restera dans nos cœurs, comme l'un des plus précieux souvenirs de notre vie.

» Oh ! si M. Vianney vivait encore, quelle joie pour lui, quels encouragements, quelles bénédictions pour vous déborderaient de son cœur attendri !

» Mais, que dis-je ? M. Vianney vit encore ; oui, il vit, il vit plus que jamais. Il est là parmi nous ; il vous ac-cueille de son meilleur sourire, il vous bénit avec toutes les effusions de son amour.

» Allez donc, cœurs nobles et magnanimes ! allez, mar-tyrs héroïques de la pénitence et du travail, allez avec confiance où la voix de Dieu vous appelle !

» Allez sanctifier par vos prières et assainir par vos labeurs ce pays si malheureux et si désolé des Dombes. Nos vœux les plus ardents vous accompagnèront, dans cette œuvre de tranformation sanitaire et religieuse.

» Allez ! vous donnerez à notre saint Évêque les consolations les plus douces, et à nous, dévoués par état aux rudes fatigues de l'apostolat, d'encourageants et généreux exemples à suivre. »

Après cette touchante allocution, les religieux entrent dans ce sanctuaire où s'est écoulée l'une des existences les plus miraculeuses de notre temps, et où il n'est guère possible de pénétrer sans éprouver un frissonnement de foi.

Ils s'avancent lentement et profondément recueillis, et à mesure qu'ils passent, deux à deux, sur la tombe du saint Curé, ils se prosternent, ils s'étendent de tout leur long, demandant chacun une bénédiction, personnelle pour eux-mêmes, générale pour leur œuvre, promettant intérieurement de mourir de plus en plus à eux-mêmes, de souffrir et de s'immoler pour Dieu ; puis ils se relèvent et vont se ranger dans le chœur, où ils chantent complies.

Les missionnaires d'Ars et les frères de la Sainte-Famille léur donnent une hospitalité pleine de charmes ; car la joie, la bonté, la gaieté la plus aimable, je ne sais quelles lumières attrayantes et indéfinissables rayonnent de toutes ces figures et émanent de ces conversations de moines. Tous ceux qui en approchent, qui les voient, qui les entendent, ont l'âme et le cœur ravis.

Au point du jour, les trappistes sont déjà à l'église. Ils

chantent Matines, les prêtres disent la messe ; puis vient
la messe conventuelle. Après l'Évangile, un frémissement
parcourt la nombreuse assistance, tous les yeux se fixent
sur le R. P. abbé d'Aiguebelle ; on voit avec bonheur
qu'il se prépare à monter dans la chaire de vérité. Il va
parler !... Que dira-t-il ce moine vénérable ? Quels sont
les accents de cette voix si inconnue au monde ? Quels
oracles va prononcer cet héroïque champion de la mortification chrétienne, qui a résolûment foulé aux pieds
les maximes du siècle, méprisé les aises de la vie, et qui
marche hardiment vers tous les genres de morts ?...

Le voilà en face d'un auditoire impatient de l'entendre. Prêtres et fidèles, tous sont immobiles, respirant à
peine ; on dirait qu'ils craignent de perdre un seul des
mots qui vont s'échapper de ces lèvres habituées au
silence. L'homme du désert ouvre enfin sa bouche
vénérable, et les paroles qu'il profère sont emprein-
tes de l'onction la plus suave, il a l'accent de la plus
tendre sympathie. On s'attendait à un discours austère,
presque terrible, et l'on n'entend que des avis paternels,
de douces effusions de la plus tendre charité.

Parmi ceux qui l'écoutent, plusieurs comprennent,
pour la première fois, que la pratique de la perfection
évangélique, embrassée généreusement, dans toute son
étendue, communique à l'âme une joie céleste, et l'inonde
des plus suaves consolations. Cette vérité les étonne
d'abord ; mais peu à peu la touchante et persuasive éloquence de celui qui leur parle, pénètre doucement leurs
cœurs, et tous les préjugés qu'ils ont conçus contre la vie

monastique tombent presque en même temps. C'est qu'ils viennent d'entrevoir le but vers lequel tendent ces hommes que, plus d'une fois peut-être, ils ont taxé d'exagération et de folie, et ils savent maintenant le pourquoi de cette vie d'immolation, qui révolte notre nature déchue.

L'orateur entretient principalement son auditoire du vénérable curé d'Ars, dont il a sous les yeux la sainte et précieuse tombe.

« Deux pensées, dit-il, ont dominé toute la vie de l'homme de Dieu : la salut des âmes par la prédication, le salut des âmes par la pénitence et la prière.

» La fondation d'une maison de missionnaires [1] dans cette fortunée paroisse a réalisé la première de ces pensées, et la fondation de N.-D. des Dombes va réaliser la seconde.

» Les missionnaires d'Ars, les moines de la Dombe, voilà deux Institutions qui sont nées du même cœur, deux classes d'ouvriers évangéliques qui se lèvent ensemble pour essayer de continuer et d'accomplir son double apostolat.

» Le sanctuaire d'Ars et N.-D. des Dombes doivent être regardés désormais comme deux maisons de frères, deux familles remontant à la même origine, et n'ayant qu'un même père.

» Pendant que les missionnaires d'Ars, semblables à la partie militante du peuple israélite, combattront dans

---

1. M. Vianney a fondé plus de 20 missions dans le diocèse de Belley.

la plaine, les moines de N.-D. des Dombes rempliront, sur la montagne, l'office de Moïse ; ils les soutiendront par la double puissance de la mortification et de la prière. »

La pensée de donner ainsi la tombe du saint Curé pour base à la fondation nouvelle, fit tressaillir de joie toute l'assistance. Inspiré par le désir de conserver un souvenir durable de la précieuse union que le vénérable père Abbé venait de contracter, au nom de tous ses religieux, du haut de la chaire évangélique, M. Toccanier eut recours à un moyen aussi touchant qu'ingénieux.

M. Vianney avait autrefois consacré toute sa bien-aimée paroisse à la Vierge Immaculée. Afin de laisser un monument authentique de cet acte mémorable, il avait dressé avec soin la liste de toutes les familles, et après l'avoir signée de sa main, il l'avait renfermée dans un riche cœur de vermeil suspendu au cou de la Vierge bénie.

M. Toccanier retire publiquement cette pieuse liste du cœur, qui la contient et la présente au R. P. abbé, afin qu'en inscrivant son nom près de celui du saint Curé, il scelle ainsi lui-même, avec la paroisse d'Ars, une alliance irrévocable. Pouvait-on trouver un parchemin plus digne de recevoir un si précieux contrat ? Aussi la touchante pensée de M. Toccanier fut-elle accueillie avec de vrais tressaillements de bonheur, et non-seulement le père abbé d'Aiguebelle, mais tous les abbés et les prieurs qui l'accompagnent, sont heureux d'apposer leur signature.

Le moment est venu de dire adieu à ce cher sanctuaire

d'Ars, où les anges viennent de recueillir de si graves prières, et d'inscrire au livre de vie de si ferventes résolutions. Nous sommes au milieu de la matinée du samedi veille de la fête du saint Rosaire. Il y a cinq ans jour par jour, que Mgr. de Langalerie, évêque de Belley, échangeait une première parole avec un abbé trappiste sur la fondation d'un monastère de la Trappe, dans la contrée malheureuse et insalubre des Dombes, cinq ans de difficultés inouïes, de succès inespérés, et voilà que l'œuvre touche à sa réalisation.

Ici la scène change. Les habitants du Plantay et des paroisses voisines se sont rendus à Ars avec une vingtaine de voitures de toute espèce et de toute forme pour emmener leurs chers trappistes. Ils les aimaient déjà sans les connaître, ils les ont vus, ils les aiment bien davantage. Ils s'attendaient à ne trouver que des figures sévères, ils ne rencontrent que des visages épanouis et des sourires : paysans, bourgeois, propriétaires, moines, prêtres et pèlerins qui les accompagnent, tout le monde part.

Si le village de Villefranche à Ars a été un triomphe, que dire de cette longue procession à travers les Dombes, depuis Ars jusqu'au Plantay ? Toutes les paroisses limitrophes sont en fête, partout le son des cloches retentit, les habitants se pressent sur le passage de la caravane monacale ; les curés prennent les mains des religieux, ils les baisent avec amour, ils demandent des bénédictions et des prières. Pauvres curés ! ils pleurent de joie, il leur semble que la double misère physique et morale contre laquelle ils luttent vainement va disparaître.

Le pays que l'on traverse est riant d'abord et bien cultivé, mais peu à peu le tableau s'assombrit ; on chemine entre les clairières des bois, sur les chaussées des étangs dont les eaux croupissent au soleil ; l'air est pesant, nébuleux, d'une transparence vaporeuse ; les habitants ont le teint hâve, flétri ; ils paraissent sans vigueur et presque sans vie ; en automne la fièvre les dévore. Les trappistes voient le sort qui les attend ; mais comme leurs frères de Staouéli ils sauront lutter et vaincre. Plusieurs sans doute resteront sur le champ de bataille ; mais qu'importe ? il n'y a point de victoire sans victimes.

Ils arrivent au Plantay et mettent pied à terre ; leur première visite est pour Notre Seigneur dans l'église. Leur monastère est à deux ou trois kilomètres de là ; ils s'y rendent en procession. Je les vois encore, ces pères et ces frères trappistes cheminant d'un pas lent et grave sur la chaussée des étangs vers leur demeure inachevée ; on dirait de mystérieuses ombres qui flottent dans de larges robes blanches ou grises ; elles s'avancent en longues files ; la croix de bois les précède ; les bannières paroissiales leur montrent le chemin ; les arcs de triomphe champêtres leur souhaitent la bienvenue ; les nuages des jours précédents se sont dissipés ; le soleil leur fait la fête ; une foule nombreuse accourue de toutes parts les attend, les précède ou les suit ; un évêque qui ne peut contenir son émotion, leur tend les bras comme un père. Le moment est solennel, ils arrivent ; tout à coup j'entends de claires et douces voix qui chantent : « Je me suis réjoui à la parole qui m'a été dite : Nous irons dans la maison du Seigneur. » Ils entrent dans l'église ; ils ont touché du pied l'asile qui doit abriter leur passagère vie et leur fournir un tombeau ; ils sont au terme de leur exode ; parti d'Aiguebelle, comme d'une ruche trop pleine, le nouvel essaim monastique est transvasé dans le couvent de Plantay [1].

On avait dit aux RR. PP. trappistes que M. Vianney les avait accueillis lui-même au seuil de son église, et les avait comblés de ses plus douces bénédictions. Le Serviteur de Dieu voulut montrer à ces saints religieux qu'il était devenu véritablement leur père, et afin de les en convaincre, il manifesta sa présence parmi eux, à l'aide d'un éclatant prodige.

Un jour le frère Jude, chargé à N.-D. des Dombes de la culture des jardins, reçut l'ordre de se transporter à l'abbaye de N.-D. des Neiges, autre colonie de religieux trappistes, dans le diocèse de Viviers, afin de donner quelques leçons d'horticulture au frère jardinier de cet établissement.

En arrivant au monastère, au mois de mars 1866, il apprend que le frère cordonnier est très-gravement malade, que son état est même tout à fait désespéré. Le frère Jude tenait à la main un parapluie qui avait été autrefois à l'usage du vénérable curé d'Ars.

---

1. Ce récit est en partie l'œuvre de M. Martin, chanoine du diocèse de Belley, ancien curé de Ferney. Si nous ne l'avons pas mis entre guillemets, c'était pour nous réserver la facilité d'y encadrer plusieurs faits qui n'avaient pas été racontés par l'éminent écrivain.

Se voyant ainsi muni d'une relique de l'homme de Dieu, il s'adresse au R. P. abbé et lui dit : « Voilà un objet qui a servi au saint Curé ; déposons-le sur le lit du moribond, et commençons une neuvaine. Qui sait si le Seigneur n'aura pas compassion de notre frère, et ne voudra pas glorifier son Serviteur ? » Le père abbé admire la foi de ce bon frère, et donne volontiers son assentiment à sa pieuse inspiration.

Le malade, en ce moment, se trouvait réduit à une telle extrémité que le père médecin s'était assis à son chevet et ne le quittait plus. Il avait remarqué sur sa lèvre inférieure une légère fissure d'où s'écoulait une humeur purulente et déjà corrompue. C'était le signe que la décomposition atteignait le corps ; la mort était donc imminente. Des religieux priaient agenouillés près de leur frère agonisant ; personne ne s'attendait alors à la merveille qui allait éclater, et transformer en fête joyeuse cette scène lugubre.

Quelques moments s'étaient à peine écoulés depuis que l'on avait placé le parapluie du saint Curé sur la couche du mourant, lorsque tout à coup il ouvre les yeux, respire à pleine poitrine, regarde les assistants et demande avec étonnement l'explication de ce qui se passe autour de lui.

Le père médecin se dit en lui-même : « C'est un accès de délire. » Mais il entend alors une voix intérieure qui lui dit : « Tu doutes de la guérison ? Regarde donc la plaie. » Il s'élance vers son malade comme poussé par une force invisible, et voit, à son extrême surprise, que la fissure s'étant miraculeusement fermée, le sinistre écoulement a cessé tout à coup ; il ne reste plus de la hideuse plaie qu'une cicatrice à peine sensible. Il palpe le pouls... la fièvre a disparu !... Il examine tout le corps, plus de symptômes de mal !...   .

Cette guérison fut si rapide, et en même temps si radicale, que, dès le lendemain, le frère Joachim était levé, et confectionnait, en témoignage de reconnaissance, une paire de souliers pour le frère Jude qui lui avait apporté le précieux parapluie.

Cette merveille fit une impression si vive sur le R. P. abbé de N.-D. des Neiges, qu'il ordonna au frère Joachim de faire un pèlerinage d'actions de grâces au tombeau du Serviteur de Dieu. Ayant dû se rendre lui-même à N.-D. des Dombes et assister à la bénédiction du R. P. Augustin, abbé de ce monastère, il se fit accompagner par le frère cordonnier : ils passèrent à Ars et firent le pèlerinage ensemble.

Les missionnaires d'Ars se firent une fête d'offrir l'hospitalité au R. P. abbé, ainsi qu'à son heureux compagnon de voyage. Le récit de la guérison miraculeuse fit naturellement les premiers frais d'une conversation pleine d'émotion et de charmes. Chacun était émerveillé d'entendre une si touchante histoire ; mais personne ne soupçonnait que ce même frère devait déjà au saint Curé la grâce de sa vocation religieuse. Ce fut lui-même qui en révéla le secret.

« J'exerçais, dit-il, ma profession de cordonnier dans la ville de Lyon, et j'avais eu le malheur de me faire admettre dans une société de spirites, qui se livraient dans l'ombre à toutes les pratiques en usage dans cette secte pernicieuse. Nous étions au nombre de douze, et nous passions, aux yeux du public, pour être maîtres en notre art.

» Ayant entendu parler, à diverses reprises, du curé d'Ars comme d'un homme extraordinaire qui jouissait du don de double vue, il me vint le désir d'aller le trouver et de mettre sa pénétration à l'épreuve. Je me rendis, en effet, à Ars, et je l'aperçus disant son bréviaire près de son confessionnal, dans la chapelle de saint Jean Baptiste.

» Je le considérai attentivement, puis je me dis en moi-même : « Si cet homme avait, comme on le dit, le don de lire dans les cœurs, il verrait bien que je suis pressé, et il ne me ferait pas attendre. » Cette pensée était à peine conçue dans mon esprit que le saint Curé lève la tête, me regarde avec bonté, et me fait signe avec la main, d'avoir patience, qu'il va venir à moi.

» Évidemment, j'avais été compris, et cette preuve d'intuition d'une pensée toute secrète me fit une impression impossible à décrire.

» Lorsque le saint prêtre eut achevé son office, il me prit par la main, me conduisit dans la sacristie et me dit : Mon ami, ce n'est pas moi qui dois vous confesser. Allez à N.-D. de Fourvières, adressez-vous à tel père jésuite, et il vous dira ce que vous avez à faire. »

» La seule présence de cet homme de Dieu avait suffi pour m'inspirer la docilité d'un enfant ; je m'en allais donc, bien déterminé à suivre à la lettre tous ses conseils.

» Mais voilà que, pendant la route, je sens un bouleversement intérieur : tous mes sentiments changent presque subitement ; la vie du monde me paraît triste et ennuyeuse ; il me semble que désormais je ne trouverai de bonheur que dans un cloître.

» J'arrive à N.-D. de Fourvières, je me confesse au père qui m'a été désigné, et lui communique les nouvelles dispositions où je me trouve. Le père réfléchit un moment, puis il me dit d'attendre et de prier.

» Au sortir du confessionnal, il rencontre le père prieur de N.-D. des Neiges, et lui demande s'il ne voudrait pas recevoir dans son monastère un jeune homme qui désire embrasser la vie religieuse : « Quel est son état ? » dit le prieur. — « Cordonnier, » reprit le religieux trappiste. « Dieu soit béni ! j'en cherche un par terre et par mer, et je ne puis le rencontrer. Tenez, ajouta-t-il, voilà l'adresse du monastère ; qu'il s'y rende à l'heure même, je le trouverai à mon retour. »

» Le bon père jésuite revient sur ses pas, me remet le billet du prieur et me dit : « Voilà vos désirs satisfaits, remerciez Dieu et partez. » Je partis, en effet, et le spirite de Lyon est devenu le moine que vous voyez.

» L'histoire de ma conversion fit grand bruit dans notre société ténébreuse. Presque tous mes confrères voulurent connaître l'homme qui lisait ainsi dans les consciences, et la plupart restèrent pris au filet de son zèle. Deux ou trois à peine refusèrent d'imiter les salutaires exemples qu'ils avaient sous les yeux, et s'obstinèrent à continuer leurs funestes pratiques. »

Après avoir répandu ses bienfaits sur les religieux trappistes, le saint Curé les étendit sur les religieuses trappistines, voulant ainsi montrer qu'il prenait sous sa protection l'ordre tout entier.

Voici ce que l'on écrivait du monastère de Maubec, près Montélimart, à la date du 2 novembre 1869.

« Par suite d'un choc très-rude que je reçus sur la poitrine, il se forma sur le point offensé quatre glandes ou tumeurs cancéreuses. Le médecin de la communauté, croyant le mal sans remède, en déclara la gravité à la révérende mère, qui se vit alors dans l'impossibilité de m'admettre à la profession religieuse dans un ordre aussi austère (car je ne suis encore que Novice) ; elle me donna à comprendre qu'il fallait me résigner à quitter le couvent.

» Cependant, comme une pareille décision coûtait beaucoup à son bon cœur, elle me conseilla de prier sainte Philomène, à laquelle le vénéré curé d'Ars adressait ceux qui avaient recours à lui. Sous cette inspiration, je commençai une neuvaine, à la suite de laquelle j'éprouvai bien quelque soulagement, mais le mal lui-même était toujours persistant.

» Il me vint alors la pensée que l'humilité du Serviteur de Dieu et son amour pour *sa chère petite sainte* lui avaient fait souvent attribuer à sainte Philomène des prodiges dont il était le véritable auteur. Je tournai donc vers lui ma confiance, et fis deux neuvaines en son honneur, le priant d'achever ce que sa sainte amie avait commencé. Pendant ces deux neuvaines, le mieux a toujours été croissant, et, à la fin de la seconde, ma guérison était complète.

» Aujourd'hui le bonheur que j'éprouve de me voir rendue à ma vocation est impossible à exprimer, et la reconnaissance m'impose le devoir de vous faire connaître la vérité. Puisse ce trait du crédit du saint Curé auprès de Dieu contribuer un jour à faire autoriser son culte et à le propager. » Suivent les attestations et les signatures.

Le R. P. abbé d'Aiguebelle avait donc eu raison de conduire sa pieuse colonie prier sur le tombeau du Serviteur de Dieu. Le saint Curé a été l'ami des trappistes sur la terre, et il en est aujourd'hui le protecteur au Ciel. Ne leur donne-t-il pas des marques bien touchantes de l'intérêt qu'il n'a cessé de leur porter en leur ménageant des vocations si surprenantes, et en opérant sur eux des guérisons miraculeuses ?

CHAPITRE XII

M. Vianney plaide auprès de Dieu le rétablissement de sa petite Providence et l'obtient. — Sympathies étonnantes que la reprise de cette
œuvre provoque de toutes parts. — Construction d'un nouvel orphelinat. — Moyens ingénieux à l'aide desquels on parvient à le soutenir.
— Grâces signalées qu'obtiennent les prières des orphelins d'Ars.

Tous les faits que nous avons déjà racontés, prouvent
que le Serviteur de Dieu s'est survécu à lui-même, et
qu'en prenant son essor vers le ciel, il n'a point cessé
de remplir de sa présence invisible ce sanctuaire d'Ars
où il semblait que sa mort allait faire régner à jamais la
désolation et le vide.

Mais nous voici en face d'une manifestation encore
plus sensible de son action parmi nous, car elle montre
qu'il peut aujourd'hui rétablir des œuvres, dont il lui
a été impossible, pendant qu'il vivait, d'empêcher la
ruine.

La publication de la vie de M. Vianney a révélé aux
lecteurs la douleur cruelle qu'il ressentit à l'époque où,
par un concours de circonstances qui sont déjà connues,
il fut contraint d'adhérer lui-même à la suppression défi-
nitive de cette petite Providence qu'il avait créée au prix
de tant de sacrifices et de labeurs.

De toutes les tribulations qu'il a traversées durant sa

longue vie, celle-ci a été peut-être la plus déchirante et la plus amère.

Il avait réuni là, comme il le disait souvent, un grand nombre de pauvres orphelines, recueillies sur tous les chemins, et dérobées ainsi à tous les périls du vagabondage. Il s'était composé de toutes ces malheureuses filles délaissées une famille adoptive, dans le sein de laquelle il s'était habitué à verser le trop-plein de sa charité et de son zèle. Il ne passait pas un jour sans les entretenir familièrement du bon Dieu. C'est au milieu de ces déshéritées de la terre qu'il a commencé ces catéchismes, dont la foule se montra si avide, et qui sont devenus célèbres sous le nom d'Instructions de onze heures.

Cet homme rempli, pour ainsi dire, de tout l'esprit apostolique, sentait en lui un besoin infini d'épancher les effusions d'amour qui débordaient de son cœur, et il trouvait là des âmes dociles toujours prêtes à les recevoir. Il avait fini par éprouver tant de bonheur dans cet asile béni, qu'il y avait, en quelque sorte, pris place lui-même. C'est à la petite Providence qu'il allait demander une maigre portion de nourriture, quand il se sentait à bout de forces, et sur le point de succomber à l'excès de la fatigue. C'était encore là qu'il recourait quand il voulait toucher le cœur de Dieu et obtenir la conversion de quelque grand pécheur. Il savait que la prière du pauvre pénètre les nues, aussi comptait-il, avec une confiance presque sans limites, sur celles de ses filles adoptives. Il en connaissait l'innocence et la ferveur, comment aurait-il pu douter de l'efficacité de leurs naïves supplications ?

Il fallait, sans doute, qu'il pourvût aux besoins d'une famille si nombreuse; mais cette sollicitude était loin de le préoccuper. Ses petites orphelines étaient plus encore les enfants du Père Céleste que les siennes, et Celui qui donne la nourriture au plus petit des oiseaux, ne pouvait laisser sans pain des créatures faites à son image, et rachetées par le sang de son adorable Fils.

Le Seigneur bénissait avec complaisance ces sentiments d'admirable confiance, et, au jour de la nécessité, il lui venait en aide par des prodiges. En coûte-t-il beaucoup à Celui qui tient en sa main le sceptre de la toute-puissance, pour suppléer à l'insuffisance de ceux qui se confient en lui? Aujourd'hui, il multiplie secrètement le froment dans le grenier, et lorsqu'on le croit presque entièrement vide, le plancher s'en trouve si chargé, qu'il menace de crouler sous le poids. Demain, ce sont quelques litres de vin qui, après s'être écoulés des tonneaux, y rentrent miraculeusement et en remplissent toute la capacité. Un autre jour, une poignée de farine s'enfle et grossit sous la main qui la pétrit et tout le monde se récrie devant la quantité et la beauté du pain qu'elle fournit.

Comment le saint Curé n'aurait-il pas redoublé de tendresse pour une œuvre aussi visiblement favorisée du Ciel? pour des enfants dont Dieu se déclarait ouvertement le Père, et lui disputait, en quelque sorte, le soin? Or, ce fut précisément au moment où le saint Curé avait conçu le plus d'affection pour sa famille chérie, qu'on vint lui en demander le sacrifice, et l'inviter à en signer lui-même la dispersion.

Que l'on se figure, si c'est possible, tout le déchirement qu'il éprouva dans un moment si cruel ! Les saints
seuls peuvent être capables d'accomplir, sans se plaindre,
sans murmurer, de tels actes d'immolation. Le Serviteur
de Dieu se souvint alors de la générosité sublime dont
Abraham fit preuve en se préparant à sacrifier son fils
unique, et, les larmes aux yeux, il apposa son nom au
douloureux contrat qui lui faisait abdiquer son titre de
père, et rendait, de nouveau, toutes ses filles orphelines.

Il subit, tant qu'il vécut, la mesure pénible qui lui
avait été imposée, mais à peine arrivé au ciel, il plaida
sa cause devant Dieu, et il obtint que la sentence portée
contre son œuvre chérie fût enfin révoquée. Étrange puissance que celle des saints! c'est pendant qu'on la combat
qu'elle s'établit ; c'est quand on la croit abattue qu'elle
se montre dans toute sa force.

Durant la vie du saint Curé, personne ne songeait à
rétablir son œuvre chérie; chacun la croyait ensevelie
à jamais dans l'oubli, tous ceux qui auraient pu la ressusciter dormaient en paix sur ses ruines. Mais à peine
la tombe de l'homme de Dieu est-elle fermée, que des
regrets commencent à naître dans ces cœurs auparavant
si tranquilles. De toutes parts se forment des vœux ardents en faveur de cet Orphelinat dont il semblait que le
souvenir ne dût plus se retrouver que dans l'histoire.

Les religieuses de Saint-Joseph, de la ville de Bourg,
avaient contribué, sans le vouloir, à la suppression de la
petite Providence, en acceptant le local qu'elle occupait
pour y ouvrir une école gratuite, et y fonder un modeste

Pensionnat. Lorsque la Révérende Mère Saint-Claude, avant-dernière supérieure générale de l'Institut, put se rendre compte de toute la douleur que la transformation de cet établissement avait causée au saint Curé, elle en eut le cœur navré, et prit sans différer une résolution généreuse.

Ayant reçu la visite de M. l'abbé Toccanier, dans sa maison de Bourg, elle se hâta de lui faire part du dessein qu'elle avait conçu et lui dit : « Si, à notre insu, nous avons autrefois contristé le saint Curé, nous voulons aujourd'hui le consoler et ressusciter sur sa tombe l'Orphelinat dont il a si vivement regretté la perte. »

La Révérende Mère Saint-Claude était une de ces âmes grandes et dévouées, qui ne reculent jamais devant les sacrifices ni les fatigues, quand elles sont une fois convaincues qu'elles travaillent à la gloire de Dieu ; elle méritait, à plusieurs titres, d'être choisie par le Ciel pour la restauration d'une œuvre qui devait son origine à la charité d'un Saint.

La détermination de la Révérende Mère est à peine connue que, de toutes parts, éclatent les témoignages de la plus vive approbation et de la plus sincère bienveillance. Les paroles de Mgr de Langalerie, l'illustre et digne évêque de Belley, ressemblent à un cri de joie s'échappant du cœur d'un Père qui retrouve une famille chérie : « Que Dieu, dit-il, bénisse cette reprise de l'œuvre du saint Curé, il aimait tant sa petite Providence ! »

A cette époque, M. l'abbé Camelet, supérieur des missionnaires de Belley, était curé de la paroisse d'Ars. La nouvelle de la future restauration l'émut, et voici en quels termes il épanche sa belle âme : « Confident de la peine profonde causée au saint Curé par la suppression de sa chère Providence, je salue avec bonheur sa résurrection dans son premier berceau, si miraculeusement béni. L'initiative de ce projet appartient à la Vénérable Sœur Saint-Claude. Puisse cette Œuvre renaissante produire tout le bien que désirait mon Saint et bien-aimé prédécesseur ! »

Les dispositions ne pouvaient être plus favorables, et les bénédictions données par l'autorité ecclésiastique plus cordiales et plus abondantes. Mais ici se présentait une grave question à résoudre, la question que l'on est habitué à regarder comme capitale quand il s'agit de fonder des œuvres, la question des ressources.

En consentant à la transformation de sa petite Providence, le saint Curé avait aussi accepté le changement d'emploi de toutes les petites rentes dont il l'avait dotée. Trois sœurs de Saint-Joseph étaient venues s'établir à Ars pour ouvrir une école gratuite, en faveur des petites filles du village ; il était juste de leur assurer des moyens convenables d'existence. Le saint Curé y pourvut en leur cédant, par un acte en due forme, le revenu de tous les fonds qu'il avait affectés à sa Providence. Par suite de cette mesure, les restaurateurs de l'Orphelinat se trouvaient en face d'un Établissement qu'il fallait créer de nouveau, et comme s'il n'avait jamais existé, sans pouvoir disposer d'aucun fonds préalable.

Mais quand la divine Providence veut une œuvre, elle remplit ceux qui l'entreprennent d'une telle confiance, qu'ils semblent compter pour rien les difficultés, en apparence, les plus insurmontables. La Révérende Mère Saint-Claude, sans s'arrêter devant des considérations capables de déconcerter toutes les prévoyances de la sagesse humaine, ordonne aux religieuses d'Ars d'ouvrir l'Orphelinat sans délai, et de donner immédiatement asile à quelques pauvres petites filles. Les Sœurs de Saint-Joseph se montrent les dignes enfants d'une telle Mère, et recueillent, à l'instant, pour lui obéir, huit orphelines de six à huit ans.

Ce début était d'une hardiesse admirable; mais il entraînait déjà, comme conséquence nécessaire, des dépenses considérables. L'habitation des religieuses était trop étroite pour servir tout à la fois de couvent, de maison d'école, de pensionnat et d'orphelinat. Quand il fallut désigner un appartement pour servir de réfectoire à la nouvelle famille, les bonnes Sœurs ne purent jamais en trouver. Inspirées par la nécessité, elles firent suspendre une planche mobile contre le mur d'un corridor; elles l'élevaient au moment des repas, et l'abaissaient ensuite pour laisser le passage libre. Il fallait donc bâtir un nouveau local et le fournir de meubles indispensables à sa future destination.

L'entreprise paraissait téméraire dans de telles conditions; mais les fondateurs comptent sur le crédit du saint Curé.

La Révérende Mère Saint-Claude vient généreusement

en aide au nouvel Établissement. La Révérende Mère Saint-Placide, qui lui succède peu de temps après dans le généralat, imite un si charitable exemple.

M. l'abbé Toccanier, plus heureux que tout autre de la restauration de l'œuvre, fait des prodiges d'activité et de générosité. Sous son inspiration, une souscription s'organise et se couvre bientôt de noms qui apportent de précieux secours.

Les bonnes religieuses, de leur côté, exercent toute l'ardeur de leur zèle : elles portent la souscription jusque dans les pays voisins ; elles y exercent même un pieux commerce d'images, de statuettes, de photographies du saint Curé. En un mot, elles ne négligent aucune louable industrie, ne reculent devant aucune fatigue.

. Dans l'entrain de cet élan général, quelques personnes pieuses sentent naître dans leurs cœurs une inspiration heureuse, et quoique peu fortunées, elles vont porter leur pierre à l'édifice, créer des ressources inattendues. Elles réunissent toutes leurs épargnes, et en remettent le montant entre les mains de M. Toccanier, en lui disant : « Nous voudrions bien consacrer ces sommes à une œuvre si aimée du saint Curé ; mais nous n'avons que les fonds nécessaires pour vivre, et nous ne pouvons pas nous montrer généreuses. Souhaitant cependant assurer, dès à présent, un legs aux pauvres orphelines, nous vous prions d'accepter cet argent ; il appartiendra à l'œuvre après nous, et en attendant, nous n'exigeons qu'une modeste rente viagère. » Quelques milliers de francs vinrent, de la sorte, s'ajouter à ceux qui avaient été déjà recueillis.

A l'aide de cet admirable concours de tous les genres de charité, les murs du modeste édifice s'élèvent et les appartements se meublent.

Les premiers frais d'établissement étaient couverts et les chères orphelines logées. Assurément c'était déjà là un grand succès, et ceux qui l'avaient obtenu pouvaient sincèrement s'en réjouir. Toutefois, ce n'était que le début de l'œuvre, et ce qui restait à faire, était bien plus difficile à réaliser que ce qui était déjà fait.

On avait une maison suffisamment spacieuse et le confortable nécessaire pour loger des petites filles habituées aux privations qu'impose l'indigence ; mais il fallait encore pourvoir à l'entretien de trois nouvelles religieuses nécessaires pour la direction de l'Établissement; il fallait aussi procurer du pain et des vêtements à toutes les orphelines qui allaient bientôt occuper la nouvelle Maison.

Ici, il ne s'agissait plus d'une somme à réunir, une fois pour toutes ; mais de ressources permanentes à créer, d'une véritable dotation à constituer. Tout le monde sait quelle est la gravité d'une difficulté semblable.

Cependant à force de demander au Ciel des lumières, et à leurs cœurs du dévouement, les religieuses directrices finirent par en triompher, à l'aide de différentes œuvres ingénieusement conçues et que nous allons énumérer.

1° *L'Hôtellerie.* — Parmi les dames pieuses qui aiment le sanctuaire d'Ars, il y en a un grand nombre qui préfèrent à tout autre, le séjour du couvent. Elles s'y trouvent dans un milieu tout à fait en rapport avec leur condition et leur piété ; elles ont, sans cesse, sous les yeux l'exemple du recueillement, du dévouement et de la prière. Vivant sous le toit qui abrite également le saint Tabernacle, elles peuvent, sans sortir de l'Établissement, se livrer à toutes leurs pratiques de piété. Pour aller au-devant de dispositions si chrétiennes, les religieuses directrices ont transformé en hôtellerie toute une aile de leur maison, et y reçoivent les dames pèlerines. Le prix qu'elles demandent est modéré, et tout le bénéfice de la nouvelle entreprise passe intégralement dans la caisse de l'Orphelinat. Ainsi la pieuse clientèle de l'hôtellerie des sœurs a la consolation de faire l'aumône, sans rien débourser au delà de la stricte dépense.

2° *Le Magasin d'objets de piété.* — Cette nouvelle création a été comme la conséquence naturelle de l'établissement de l'hôtellerie. Parmi toute cette foule qui visite le sanctuaire d'Ars, il n'est presque personne qui ne désire emporter quelque souvenir de ce lieu béni : un chapelet, une croix, la vie, le portrait du saint Curé, etc. N'était-ce pas prévenir les désirs des personnes qui choisissent la maison pour hôtel, que de leur mettre, pour ainsi dire, tous ces objets sous la main, en leur offrant la facilité de se les procurer sans ennuis et sans fatigue ?

La pensée que tout le produit de cette sainte industrie est destiné à l'entretien des pauvres orphelines, attache un souvenir de plus à ces objets déjà précieux.

Nous pourrions citer des dames qui ont poussé plus loin encore la piété : elles ont voulu se constituer elles-

mêmes marchandes au bénéfice des pauvres filles du saint
Curé, et ont établi chez elles des dépôts du pieux commerce des religieuses d'Ars.

3° *L'Ouvroir*. — Il était naturel d'exiger des enfants
elles-mêmes quelque travail productif : de là, la création
d'un ouvroir, qui rend cependant ici moins que partout ailleurs. Dans beaucoup d'Orphelinats, cette source
de bénéfice est, en effet, si considérable, qu'elle suffit
presque, à elle seule, pour couvrir toutes les dépenses;
mais il n'en est pas de même dans la petite Providence d'Ars. Là, au contraire, le produit de l'ouvroir ne pourra jamais être que modeste, et en voici la
raison.

Dans le genre d'éducation que l'on y donne aux
enfants, on n'a absolument en vue que leur propre
intérêt, et jamais celui de la maison qui les adopte.

Le but que l'on s'y propose, est de former ces petites
filles à devenir un jour des Servantes parfaites pour les
bonnes maisons. Or, pour y arriver, voici la méthode que
l'on suit.

Généralement, on prend les enfants fort jeunes, à l'âge
de sept à huit ans, afin de pouvoir plus facilement les
dresser et leur inculquer un bon esprit.

Depuis l'époque de leur admission, jusqu'à celle de
la première communion, leur temps est exclusivement
consacré à leur instruction. Elles font partie des élèves qui
fréquentent les classes gratuites, et on ne leur impose pas
plus de travail manuel qu'au reste de leurs compagnes.
Elles n'entrent donc définitivement dans l'Ouvroir, que

vers l'âge de onze à douze ans. C'est alors seulement qu'elles commencent, à proprement parler, leur apprentissage.

Afin de les rendre aptes à tout ce qui tient à l'arrangement et au bon ordre d'une maison, les maîtresses leur enseignent d'abord à raccommoder leurs vêtements.

Ce n'est qu'après s'être suffisamment exercées dans ce genre de travail si utile, qu'elles apprennent à confectionner le linge neuf, tant grossier que fin.

C'est donc seulement à partir de cette seconde période de leur apprentissage, que leurs travaux deviennent lucratifs, en proportion de leur habileté et de leurs aptitudes.

Mais comme on prétend faire des orphelines d'Ars de bonnes servantes et non des couturières, alors même que leur travail est le plus productif, on les en retire assez souvent pour les appliquer à d'autres occupations de leur future condition. C'est tantôt pour leur donner des leçons de cuisine, tantôt pour les dresser à servir à table, ou pour leur enseigner à bien faire une chambre. Ici, l'hôtellerie devient une école que nulle autre ne pourrait remplacer.

En effet, le service qu'elle exige présente les conditions les plus favorables pour donner au genre d'éducation dont nous parlons sa dernière perfection. Il faut aux dames qui l'habitent un ordinaire varié et soigné, des appartements suffisamment confortables, un arrangement intelligent et convenable. Grâce à cet ensemble de circonstances que l'on trouverait ailleurs difficilement réunies, à l'âge de dix-huit à vingt ans, une orpheline de la Providence d'Ars peut se présenter dans une maison honorable, elle ne se trouvera pas trop embarrassée en face des exigences de sa nouvelle position.

Elle sait lire et écrire, dresser un inventaire de tous les objets qui lui sont confiés, faire tous les comptes qui tiennent à sa profession, raccommoder toute espèce de linge, et même, s'il le faut, le faire à neuf.

Elle possède de plus cet esprit de piété bien entendu, qui est utile à tout, et un grand fonds de dévouement.

La leçon qu'on leur répète le plus souvent, c'est que, par le dévouement, elles rendront heureux et leurs maîtres et elles-mêmes. C'est à cette maxime, sans cesse renouvelée, et profondément inculquée dans leurs cœurs, que l'on doit de voir dans ces jeunes filles tant de promptitude à obéir, et un si grand bonheur lorsqu'il s'agit de faire plaisir.

4° *La Souscription.* — La divine Providence, touchée de la générosité qui préside à l'éducation de ces petites orphelines, a ménagé pour l'Établissement une sorte de ressource supplémentaire : c'est une souscription permanente qui se couvre, pour ainsi dire d'elle-même, de noms charitables.

La liste est surtout remplie par les dames qui ont séjourné dans l'hôtellerie de l'Orphelinat. Plusieurs d'entre elles demeurent toutes surprises, au moment du règlement de la dépense, de l'extrême modération des comptes qu'on leur présente. Elles craignent alors de ne pas donner à l'Œuvre un bénéfice assez considérable et, de leur propre mouvement, elles ajoutent une offrande. On les invite à inscrire elles-mêmes leurs dons dans le cahier de la souscription, et, de la sorte, leurs noms prennent place parmi ceux des bienfaiteurs de la maison.

Quelquefois de simples visiteurs sont émus à la vue de cette intéressante famille, et veulent contribuer à son entretien par une aumône. On a vu même des protestants anglais s'attendrir en présence de ces infortunées, si chrétiennement secourues, et, après avoir inscrit leurs noms, déposer une pièce d'or.

Il est ensuite des personnes d'une condition aisée qui veulent se donner une consolation plus douce encore : elles adoptent une orpheline, et pourvoient, à peu près, à tous ses besoins. Elles s'informent de sa conduite, prennent intérêt à ses progrès et ne cessent de veiller sur elle. Si toute personne qui vient en aide aux pauvres filles du saint Curé, a droit au titre de bienfaitrice, nul autre nom ne convient à celles-ci, si ce n'est celui de mère.

5° *Les Neuvaines.* — Ce sont les pèlerins eux-mêmes qui ont créé cette ressource inattendue, et fondé comme un pieux casuel aux petites orphelines.

Plusieurs d'entre eux, en quittant le sanctuaire d'Ars, avaient emporté le souvenir de ces pauvres jeunes filles si modestes et si innocentes. Désirant plus tard avoir des prières sur la tombe du saint Curé, soit pour obtenir quelque nouvelle faveur, soit pour remercier le Ciel de grâces déjà reçues, ils eurent la pensée de s'adresser à elles.

En reconnaissance de leurs prières, ils leur envoyaient une offrande ; de là vint, dans l'Orphelinat, l'usage des Neuvaines, pour tout bienfaiteur qui en réclame.

Rien n'est touchant comme la manière dont les petites orphelines s'acquittent de ce pieux ministère. La Mère Supérieure a eu l'heureuse idée de marquer, pour l'accomplissement de ce devoir, l'heure qui suit immédiatement le dîner. Après avoir quitté la table, toute la petite troupe sort en bon ordre pour aller s'agenouiller sur la tombe de leur bien-aimé Père, et prier pour tous ceux qui ont contribué à leur donner le pain dont elles viennent de se nourrir.

Quelquefois, durant la saison d'hiver, le petit pèlerinage ne s'accomplit pas sans souffrance. Le froid est si rude sous ce ciel humide et nuageux des Dombes ! Lorsque les pauvres petites entendent gronder le vent, ou que du haut des fenêtres, elles aperçoivent le verglas dans la rue, il leur en coûte de quitter la chaude température de leur asile ; mais la Mère Supérieure n'a qu'à leur dire : « Mes enfants, c'est pour vos bienfaiteurs que vous allez souffrir, » à l'instant la jeune bande défile résignée et même contente.

Il faut que les chemins soient tout à fait impraticables, ou le froid tellement intense qu'il soit dangereux de le braver, pour qu'elles omettent leur pèlerinage journalier. Elles font alors les neuvaines à l'Orphelinat, et tâchent de compenser, par un redoublement de ferveur, la souffrance dont elles sont affranchies.

Touché aussi bien que les autres d'un spectacle si attendrissant, j'ai voulu savoir de la Mère Supérieure quel était le tarif de neuvaines si précieuses. Elle m'a répondu : « Nous avons pensé que le pauvre doit toujours être modeste, même quand il offre sa prière et sa souffrance, et nous avons fixé le taux de nos neuvaines à cinquante centimes. Tout ce qu'on nous donne au delà de cette somme, nous le regardons comme une pure libéralité. »

J'avoue qu'en présence d'une si grande réserve l'émotion faillit me gagner, et il me fallut un effort pour refouler promptement les larmes qui déjà commençaient à me remplir les yeux. Si le lecteur veut savoir quelle est l'efficacité de cette prière offerte en échange d'une aumône si modique, qu'il prenne connaissance des deux lettres suivantes.

Le 7 mars 1868, M. l'abbé Ninot, vicaire dans la ville de Beaune, écrivait à Mme la Supérieure :

« Veuillez être assez bonne, pour recommander aux prières de vos chères petites orphelines une pauvre malade à laquelle je m'intéresse vivement. C'est une jeune veuve qui, en mourant, laisserait deux petites orphelines de cinq et six ans. Elle est fort malade, le médecin n'en espère plus rien ; moi, j'espère, et pour appuyer mon espérance, je vous demande de vouloir bien faire faire pour elle, à vos enfants, une neuvaine à sainte Philomène et au saint Curé. On la commencerait dès demain, immédiatement après réception de cette lettre. Vos enfants comprennent un peu ce que c'est que d'avoir perdu sa mère, et prieront d'autant mieux pour ces deux petites filles ;

elles leur obtiendront de conserver leur pieuse mère. »

Dès le quinze du même mois, c'est-à-dire, avant la fin de la neuvaine sollicitée le 7, le digne abbé écrivait de nouveau et disait :

« Madame la Supérieure,

Vous serez heureuse, sans doute, d'apprendre la guérison subite et extraordinaire de la chère malade pour qui vous avez bien voulu prier et faire prier.

Recevez pour ces bonnes prières et pour la relique que vous avez envoyée, mes remercîments et ceux de la miraculée.

Voici quelques détails. Je vous indique le jour et l'heure ; peut-être y trouverez-vous, avec les heures de vos prières, une coïncidence qui vous fera plaisir.

Lundi dernier, à 8 heures et demie, à peu près, la malade (qui, depuis près de trois jours, était privée de connaissance et de sentiment, qui, depuis près de deux mois, ne pouvait, pour ainsi dire, ni marcher ni manger), s'endort d'un sommeil profond et paisible. A onze heures et demie, elle se réveille, se lève, mange avec un appétit ravissant, marche sans peine et sans fatigue. Le bien, depuis ce temps, s'est parfaitement soutenu, son état est aussi bon qu'il ait jamais été. Dieu en soit béni, et tous les bons Saints qui ont intercédé pour elle ! »

Parmi les nombreux documents qu'une amitié bienveillante a livrés à mon étude, je trouve une partie de la correspondance adressée à Mme la Supérieure de la petite

Providence. De toutes ces lettres, il n'en est aucune qui ne contienne le récit de quelque faveur signalée; il en est même plusieurs qui en renferment des séries entières.

Comment d'ailleurs la prière de l'orpheline reconnaissante ne serait-elle pas puissante auprès de Dieu? Surtout, quand c'est la prière d'une fille adoptive du Curé d'Ars, et qu'elle l'offre par l'intermédiaire d'un père si vénérable et si saint?...

CHAPITRE XIII

Le tombeau du saint Curé centre de consolation et de vie. — Guérison d'un petit enfant aveugle, d'une fille sourde et muette, de diverses maladies incurables, d'infirmités étranges et non définies par la science. — Le saint Curé s'est survécu à lui-même, parce qu'il n'a pas craint de mourir en vivant.

M. Vianney ne manifeste pas seulement sa présence ici-bas par des opérations admirables qui éclatent à des distances plus ou moins éloignées, il a choisi un lieu particulier où il exerce spécialement son action, un endroit privilégié où les pieux pèlerins sont assurés de le retrouver, et où ils peuvent, à leur gré, lui offrir leurs demandes et leurs supplications.

Lorsqu'il vivait parmi nous, il n'était pas difficile, même aux fidèles qui entraient pour la première fois dans l'humble église d'Ars, de se mettre aussitôt sur ses traces, et de deviner dans quel recoin caché, il donnait ses plus secrètes audiences. Partout où il avait porté ses pas, la foule l'avait suivi, et il suffisait de voir de quel côté la multitude s'était transportée, pour connaître où se trouvait alors le *Saint*. Il n'y avait qu'à examiner sur quelle porte, sur quel point particulier du sanctuaire se fixaient tous les regards avides, pour savoir quel était le lieu où il distribuait le pardon et les conseils.

Il en est de même encore aujourd'hui : il n'y a qu'à rechercher l'endroit béni où le pèlerin aime à s'agenouiller, à prier, à demeurer pendant des heures entières immobile, dans les plus doux épanchements de la piété filiale, et l'on sait où le *Saint* se survit à lui-même, quel est le centre de son action salutaire.

Or, ce lieu est précisément le même qui, pour tout autre que pour un Saint, résume tous les genres de destruction, et devient l'abîme sans fond où disparaissent et s'engloutissent à jamais les derniers restes de toute puissance humaine, je veux dire, le tombeau. Oui, le tombeau, voilà quel est aujourd'hui le trône d'où il règne sur toutes les infirmités morales et physiques, voilà quel est le théâtre glorieux où il fait éclater, dans toute sa magnificence, la grandeur du crédit dont il jouit auprès de Dieu.

Des faits sans nombre viennent ici, comme d'eux-mêmes, se ranger sous ma plume, afin de rendre un témoignage éclatant à cette action prodigieuse. Je me borne à en enregistrer quelques-uns, et pour éviter l'embarras d'un choix difficile à faire, je les prends presque au hasard.

Du fond de sa tombe, M. Vianney rend la vue aux aveugles.

Les époux Claude et Marie Gimaret, domiciliés à Flurieux, hameau de Moyennens, canton de Thoissey, n'avaient eu qu'un fils unique nommé Victor.

Ils le voyaient, avec bonheur, grandir et se développer sous leurs yeux, quand, tout à coup, un affreux malheur

vient changer leur joie en la plus amère douleur : le petit
Victor est atteint d'une ophthalmie qui, agissant avec la
rapidité de la foudre, le frappe, en peu de temps, d'une
cécité complète.

Les yeux de l'enfant conservent tout leur éclat, mais ils
ne voient, ils ne fixent plus rien; ils deviennent même
d'une telle susceptibilité qu'ils ne peuvent plus supporter
ni l'air, ni la lumière. Le jeune malade se condamne
lui-même à se cacher la face avec le plus grand soin,
et à se tenir, autant qu'il le peut, dans une obscurité
profonde.

Les parents, au comble de la désolation, appellent deux
médecins à la fois : les docteurs Déchère, de la ville de
Thoissey, et Billoux, de Moyennens; mais en vain ces
hommes habiles déploient tout le zèle que peut inspirer le
dévouement le plus sincère, toutes les ressources de
leur art demeurent sans résultat.

Les époux Gimaret, ayant perdu toute espérance du
côté des hommes, tournent leur confiance vers Dieu, et
se déterminent à lui demander une guérison miraculeuse,
par l'intercession du vénérable Curé d'Ars.

Afin de ne pas exposer l'enfant à la fatigue d'un voyage
que sa faiblesse aurait rendu fort pénible, ils députent
sur le saint tombeau deux membres de la famille, le
18 mars 1861; mais, hélas! le pèlerinage n'amène aucune
amélioration dans l'état du petit Victor.

Quinze jours après, le père et la mère, ne s'inspirant
plus que de la vivacité de leur foi, établissent, le mieux
qu'ils peuvent, le petit malade sur une charrette, et le

transportent ainsi à Ars. La tentative est encore vaine, et ils retournent sans avoir rien obtenu.

Ce double insuccès ne les décourage pas. Se souvenant du conseil que donne l'Évangile : d'importuner le Ciel pour l'obliger à nous exaucer, quinze jours s'étaient à peine écoulés depuis leur retour, qu'ils reviennent, une troisième fois, frapper à la tombe du saint Curé, et essayer de le toucher, à force d'instances et de larmes.

Encore cette fois, leur prière semble ne pas avoir été entendue, et ils partent, remportant leur cher malade dans l'état où ils l'avaient amené. Mais tout à coup, pendant la route, l'enfant lève la tête, regarde autour de lui, fixe des yeux brillants de joie et de tendresse sur son père et sa mère ; il les appelle, il les voit, il est guéri !...

Les heureux parents voulurent cependant attendre, avant de faire leur déclaration, afin de s'assurer que la guérison n'était point passagère, mais solide et radicale, et ce ne fut que le 22 mars 1862, qu'ils se présentèrent à Ars pour attester devant les Pères missionnaires la grâce insigne qu'ils avaient obtenue.

Du fond de sa tombe, M. Vianney rend l'ouïe aux sourds et la parole aux muets.

Benoîte Dauve, native de Bibôt, dans l'arrondissement de Lyon (Rhône), se trouvait tout à la fois frappée de mutisme et de surdité, deux infirmités qui sont, pour ainsi dire, sœurs, et dont l'une est souvent inséparable de l'autre. Placée dans le pensionnat des sourdes-muettes de Mme Forestier, situé à Lyon, dans le quartier de Vaise, elle y faisait son éducation, lorsqu'à l'âge de quatorze ans ;

elle sentit naître au fond de son cœur une inspiration que l'événement montra venir du Ciel.

Il lui sembla qu'elle recouvrerait tout ensemble l'ouïe et la parole, si elle faisait un pèlerinage sur le tombeau du saint Curé d'Ars. Mme Marie-Claire, sœur de Sainte-Claire, à Lyon, ayant eu connaissance du désir qui venait de s'emparer de Benoîte, crut qu'il était prudent de ne pas s'opposer à une inspiration aussi extraordinaire, et s'offrit à l'accompagner elle-même.

Ce fut le 29 août 1862, qu'elles se mirent en route pour accomplir leur pieux dessein. Cet acte de foi au crédit de M. Vianney dans le Ciel, plut tant à Dieu que, dès ce jour-là, il donna comme un gage de la future guérison. Benoîte se mit, au grand étonnement de tous, à prononcer quelques monosyllabes. L'ouïe s'améliora en même temps.

Ce n'était là toutefois qu'un début fort imparfait. Les monosyllabes étaient prononcés avec tant de difficulté qu'ils étaient à peine intelligibles, et l'ouïe restait si ingrate qu'on ne pouvait se faire entendre qu'avec de violents efforts de voix. Le miracle ne devait éclater que sur le saint tombeau. Là, la guérison fut si rapide que, dès le lendemain, c'est-à-dire, le 30 août, la jeune fille entendait avec facilité tout ce qu'on lui disait, et à peine si, dans sa parole, on remarquait un léger embarras, qui semblait plutôt un souvenir qu'un reste de son ancienne infirmité.

Du fond de sa tombe, M. Vianney guérit les maux qui sont jusqu'ici réputés les plus incurables.

Une dame de Busset, canton de Cusset, dans le département de l'Allier, se voit envahie à la joue par une tache hideuse, accompagnée de douleurs extrêmement vives. Elle appelle aussitôt les docteurs, et quel n'est pas son effroi en apprenant que l'altération qui se produit, porte tous les caractères d'un chancre qui débute.

Elle invoque à l'instant toutes les ressources de l'art et ne recule devant aucun des traitements terribles en usage pour combattre le redoutable mal.

Mais, après avoir subi toutes les douloureuses opérations pratiquées par la science, elle a le cruel chagrin de n'en avoir reçu aucun soulagement. Elle pense alors au crédit du saint Curé d'Ars, et se détermine à chercher auprès de lui une guérison déclarée impossible à toute puissance humaine.

Afin de l'intéresser plus sûrement à son malheur, elle invoque en même temps *sa chère petite Sainte* Philomène, et commence, en l'honneur de l'un et de l'autre, une neuvaine à laquelle elle associe toutes les personnes pieuses dont elle peut se procurer les prières. Chose merveilleuse! avec la fin de la neuvaine, la douleur cesse tout à coup, et l'horrible place disparaît si bien, qu'elle ne laisse, ni à l'intérieur, ni à l'extérieur, aucune trace de ses ravages.

Cette pieuse dame, ne pouvant aller elle-même s'agenouiller sur le tombeau du saint Curé pour lui offrir les témoignages de sa vive gratitude, pria Mlle Claudine Bissonnière, une de ses compatriotes, de faire le pèlerinage à sa place. C'était le 14 juillet 1862, que la charitable amie s'acquittait de ce religieux devoir et faisait la déposition du miracle qui avait occasionné son voyage d'actions de grâces.

Du fond de sa tombe, M. Vianney fait renaître les chairs et les muscles devenus la proie du feu.

Au mois d'avril 1862, Denis Dubessy, âgé de trois ans, fils de Jean-Antoine Dubessy et de Jeanne-Marie Chevenier, demeurant à Louyereigue, canton de Saint-Laurent-de-Chamounel (Rhône), tomba dans un chaudron d'eau bouillante, en sorte que le bras droit fut plus compromis que le reste du corps et entièrement brûlé. L'enfant jeta les hauts cris pendant vingt-quatre heures, et resta sans connaissance, dans un état désespéré, pendant douze jours : ce n'est qu'après quarante jours qu'il parut mieux aller. Toutes les chairs étaient tombées et le bras entièrement dénudé. Le médecin avait déclaré l'enfant inguérissable ; le petit malade lui-même le repoussait, disant : « Va-t'en d'ici, bourreau, je ne veux que mon bon Dieu pour me guérir. » En parlant de la sorte, il faisait allusion à une image du saint Curé d'Ars, qu'il tenait près de lui, et dont il ne se séparait jamais. Le médecin sortit souvent d'auprès du petit malheureux les yeux humides de larmes et le cœur navré de douleur.

On en était là, lorsqu'une personne venue d'Ars remit à l'enfant un morceau de drap du lit de M. Vianney.

A peine eut-on appliqué le précieux linge sur le bras du jeune malade, qu'il s'opéra dans la plaie un changement notable : les chairs brûlées se détachèrent peu à peu, la cicatrisation se fit ; de nouveaux muscles se formèrent à partir de l'épaule, ainsi que de nouvelles chairs qui recouvrirent successivement les os mis à nu.

Le 28 mai, jour où il fut présenté à Ars, l'enfant était parfaitement guéri et conservait à peine les traces des horribles brûlures qu'il avait endurées.

Du fond de sa tombe, M. Vianney guérit les maladies les plus étranges et les plus capables de déconcerter toutes les données de la science médicale. Ici nous trouvons un écrit tout fait : c'est Mlle Élise Dupuy, la miraculée elle-même, qui va tenir la plume.

« Vers la fin du mois de novembre 1863, je fus atteinte de douleurs dans les jambes, qui forcèrent mes parents à me sortir du couvent où j'étais élevée. Les douleurs passèrent des jambes dans les reins, et m'empêchèrent complétement de me remuer, ce qui fut cause que je restai au lit pendant deux mois, au bout desquels je commençai à avoir des crises nerveuses. J'en eus jusqu'à vingt-deux par jour. Quelque temps après, je pris des hoquets imitant le chant du coq, l'aboiement du chien, le miaulement du chat et le sifflet du chemin de fer.

Plusieurs médecins qui furent consultés à cette époque, ordonnèrent un traitement hydrothérapique. A la troisième douche que je pris, mes jambes n'eurent plus la force de me soutenir, et, pendant cinq mois, je marchai avec des béquilles.

Durant ce temps, les hoquets n'avaient point cessé, le moindre bruit, surtout celui d'un tambour ou d'un marteau, renouvelait de très-fortes crises.

J'eus ensuite des atteintes de somnambulisme, qui duraient plusieurs heures. Les bains de mer avaient été infructueux et, quatre fois, je repris mes béquilles, jusqu'au 30 août 1867, jour où j'entendis parler du Curé d'Ars, et raconter un miracle opéré sur sa tombe.

J'éprouvai alors un très-fort désir de m'y rendre, et nous commençâmes une neuvaine préparatoire. A partir de ce jour, je n'ai plus eu une seule crise.

A la fin de la neuvaine, deux de mes tantes me conduisirent à Ars, sur le tombeau du saint Curé, je marchais encore avec des béquilles, on fut obligé de me porter à l'église.

A une heure, quand nous repartîmes d'Ars, je me sentis un peu plus forte. A trois heures, en arrivant à la gare de Lyon, on fut obligé de me descendre de wagon, et le domestique me porta dans la voiture.

Arrivée à Francheville, près de Lyon, où je demeurais alors chez mon oncle et ma tante, le domestique me descendit de la voiture et me porta sur une chaise. Là, il m'aida à me relever, puis, les forces revenant peu à peu, je fis d'abord deux pas, puis trois, puis quatre, et enfin j'étais assez forte pour marcher seule. Je jetai mes béquilles en criant : « Je suis guérie ! » Nous nous mîmes tous à genoux pour remercier le saint Curé par l'intercession duquel je venais de recouvrer la santé et l'usage de mes jambes. Je courus me présenter à tous les gens de la maison, qui ne pouvaient en croire leurs yeux et pleuraient d'étonnement.

Le jeudi suivant, c'est-à-dire le 12 septembre 1867,

nous revenions à Ars, pour porter mes béquilles en signe de reconnaissance.

Depuis le 7 septembre, jour de ma guérison, je n'ai plus ressenti aucune douleur, aucune souffrance, rien, absolument rien. J'ai retrouvé du calme et je peux m'occuper assidûment, chose qui m'était impossible avant la neuvaine. Gloire au Curé d'Ars!.... »

Du fond de sa tombe, M. Vianney guérit les maladies les plus invétérées, et triomphe, à son gré, des complications les plus désespérantes.

La guérison dont on va lire le récit s'est accomplie dans Ars même, sur le tombeau du saint Curé, et au milieu d'une foule de spectateurs. Mlle Marie Servan, la personne même qui a été l'objet de cette insigne faveur, va nous en décrire tous les détails :

« Ma maladie datait de cinq ans et demi. A son début, j'avais été alitée pendant sept mois, puis, je m'étais un peu rétablie. Mais j'avais conservé une grande faiblesse et je souffrais continuellement de palpitations et de douleurs aiguës au cœur. Je ne pouvais pas marcher dix minutes sans m'évanouir, et souvent même le dimanche, il m'était impossible d'assister à une messe basse. Au mois de mai 1865, ma maladie s'aggrava de telle sorte que je fus obligée de garder le lit, et encore étais-je forcée d'y rester, jour et nuit, presque assise, à cause de violentes suffocations. Depuis cette époque, je n'ai pu me tenir une seule minute debout, et, pendant les six derniers mois, j'étais atteinte d'une forte aphonie ou extinction de voix.

J'étais dans cet état, sans force, sans voix, sans sommeil, et sans appétit, lorsque, vers la fin de juillet, je fis part de mon découragemeut à une de mes amies. Elle me conseilla de cesser tout remède, ce que j'ai fait, et d'aller demander ma guérison au saint Curé d'Ars, au jour anniversaire de sa mort. Je fus effrayée à la pensée d'un semblable voyage, et je la rejetai comme irréalisable, à cause de mon extrême faiblesse. Ses instances me firent à la fin comprendre que M. l'abbé Chevrier comptait que je recouvrerais la santé au saint tombeau. Alors seulement je me décidai à entreprendre ce pèlerinage, sûre que je reviendrais guérie.

Je partis de Lyon dans la journée du 4 août, avec mon père, le R. P. Martin et une personne amie.

Je fus transportée dans une voiture très-douce, étendue sur un matelas, et soutenue par des oreillers. Malgré ces précautions le voyage fut pénible, et les trois derniers quarts d'heure de route se firent dans un état d'évanouissement continuel.

J'arrivai très-malade, et mon enflure habituelle avait tellement augmenté qu'il m'était impossible de remuer la main ou le pied. Il fallait presque continuellement m'éventer, à cause de mes suffocations, et il était impossible de me trouver une bonne position.

La nuit fut mauvaise et sans sommeil, et le matin, de bonne heure, on m'apporta la sainte communion.

Dans la journée, Mgr l'évêque de Belley eut la bonté de venir me visiter. Il me bénit, s'agenouilla, récita un

Pater, un *Ave* et trois invocations au bon Curé d'Ars, pour ma guérison.

Peu après le départ de Monseigneur, l'enflure fit de nouveaux et rapides progrès. La personne qui me soignait m'a dit depuis que la veine gauche du cou était tellement gonflée, qu'elle était en saillie plus grosse que le pouce, et que j'avais la tête complétement penchée sur l'épaule, sans pouvoir la redresser. Elle n'osait, dit-elle, me remuer, de crainte que cette veine ne vînt à éclater, et cependant j'étouffais dès que je glissais de dessus mes oreillers.

Sur les six heures et demie, je demandai et j'obtins avec peine d'être portée sur le tombeau, à cause de la gravité de mon état : l'enflure progressait toujours.

On me plaça dans un grand fauteuil sur lequel deux hommes me portèrent à l'église. Là, on me rangea le mieux possible, avec des oreillers, des coussins et des chaises.

J'étais à peine depuis quelques minutes sur le tombeau, lorsque je sentis un objet doux me passer sur la main droite. Je crus d'abord qu'une personne curieuse me l'effleurait avec une plume, pour voir si j'avais conservé la sensibilité ; mais cet attouchement s'étant renouvelé, je présumai qu'on me donnait une relique du saint Curé.

J'étais cependant étonnée qu'on la promenât ainsi sur mes doigts, au lieu de la poser, et qu'on ne me dît pas ce que c'était. Peu après, le Père Martin me mit entre le pouce de la main gauche un morceau de drap dans lequel le saint Curé était mort. Bientôt ce doigt s'écarta comme mû par un ressort, malgré tous les efforts que je fis pour retenir cette relique. Je vis immédiatement que ce mouvement n'était pas naturel, et je le fis remarquer à la personne qui me soutenait. Trois fois, elle replaça la relique, ramenant le pouce contre la main, ce que je ne pouvais faire moi-même, mais il s'écartait toujours.

Peu après, sans avoir été remuée, je me sentis tout à coup les jambes, vers la jointure des genoux, posées sur deux bras, ce qui me causa un certain délassement. Je présumai, l'enflure m'ayant complétement fermé les yeux, qu'une personne charitable me procurait ce soulagement. Je remarquai combien il devait lui être pénible de rester dans une pareille posture, et m'étonnai de ne pas l'avoir entendue s'approcher. Cette sensation et celle de la main droite furent si nettes, que je les attribuai sans hésiter à un contact extérieur, et ne m'en préoccupai aucunement. Aussi fus-je bien surprise lorsque, dans la nuit, demandant par hasard qui m'avait touchée, les demoiselles qui ne m'avaient pas quittée un instant, m'assurèrent qu'elles n'avaient laissé personne m'approcher. Mon étonnement s'accrut encore lorsqu'on me dit qu'à mon retour de l'église, les bras, depuis le coude, et les jambes, depuis le genou, étaient tout à fait désenflés.

Dès que je fus sur le tombeau, le lundi soir, l'enflure cessa d'augmenter, et celle du cou disparut, sans doute de suite, puisque je tins longtemps sans fatigue la tête inclinée du côté droit. Au commencement du sermon, je priai de me changer de position et je me penchai sur le côté gauche, ce qui me causa un subit évanouissement. On ne s'aperçut de mon état, m'a-t-on dit, qu'à la fin du sermon, et on me porta sur mon lit, évanouie, les piéds, les mains, le visage d'un froid glacial et les dents crochetées. Il était impossible de me faire avaler aucun liquide, la salive même s'échappait de la bouche, et la respiration était si faible que la personne qui me soignait la crut suspendue.

Le Père Martin me voyant dans un si grand danger ne voulut pas se retirer et passa la nuit près de moi.

Après dix heures, la chaleur et la connaissance commencèrent à revenir, et le pouls se releva un peu. Au milieu de la nuit, j'éprouvai une subite amélioration, j'étais même moins souffrante qu'avant mon voyage; mais je sentais par tout le corps des piqûres intolérables, que je crus causées par des insectes, et après lesquelles l'enflure générale était complétement dissipée.

Sur le matin, après un sommeil court, mais réparateur, je sentis un grand besoin de prendre quelque nourriture, ce qui ne m'arrivait jamais. A neuf heures, on me reporta à l'église pour entendre une messe dite à mon intention. On m'y donna un morceau de la pierre du tombeau et je pensai qu'il faudrait la mettre dans l'eau, et en boire pour recouvrer la voix. Je le fis, et une légère amélioration s'effectua immédiatement. Dans l'après-midi, après un court sommeil, je m'éveillai dans un grand état de souffrance; c'était plutôt une angoisse et une émotion indicibles qu'une augmentation de douleur. Cette nouvelle fatigue, que je ne savais à quoi attribuer, me réjouit et me donna une conviction plus intime non-seulement de ma guérison, mais qu'elle s'opérerait ce même soir.

Vers les cinq heures et demie, on me porta à l'église, et on me plaça, comme la veille, sur le tombeau. Là, je sentis comme une volonté supérieure à la mienne qui m'obligeait à me lever et à aller m'agenouiller à la table de communion. Je luttai contre cette pensée pendant plus d'une heure, essayant de remuer mes jambes pour voir si elles étaient plus fortes, et attendant surtout une diminution des palpitations et suffocations. Sept heures approchaient ; on m'avertit qu'on allait chercher les porteurs ; je réclamai encore un moment. Je dois guérir ce soir, me dis-je, il ne faut pas partir. Alors je glissai mes jambes à terre et dis que je voulais marcher ; on m'aida à me relever, et on me soutint un peu, plutôt par précaution. Arrivée à la table de communion, je m'y agenouillai et un craquement général de tous mes membres se produisit sans me causer de douleurs. Il fut entendu des personnes les plus rapprochées. Je restai quelques minutes dans cette position, puis le Père Martin m'ordonna, de la part de M. l'abbé Toccanier, de sortir de l'église et d'aller à l'hôtel, si je pouvais. Je le fis, appuyée légèrement sur la main d'une amie. Seulement n'ayant que de simples chaussons, j'avais un peu de peine à marcher, les cailloux me meurtrissant les pieds.

Rentrée, je circulai librement dans ma chambre, et restai dehors entourée de monde, sans éprouver aucune fatigue, tandis que, quelques heures auparavant, je ne pouvais supporter deux personnes parlant près de moi.

Depuis ce moment, les palpitations cessèrent, la respiration devint libre, la voix s'éclaircit, le sommeil et l'appétit revinrent. Le lendemain, je pus communier en actions de grâces, à la messe de huit heures, et dans la journée, je repris complétement la voix. J'ai conservé encore quelques jours une certaine raideur dans les muscles des jambes, mais aujourd'hui elle a disparu. »

Il est facile de concevoir, après de pareils faits, et nous pourrions en citer un bien grand nombre d'autres, pourquoi le tombeau du saint et vénéré Curé d'Ars ne cesse, du matin au soir, d'être assiégé par la foule des pèlerins, pourquoi il offre tant d'attraits à ces âmes contemplatives dont la pensée ne se repose avec bonheur que dans les régions voisines du Ciel ; pourquoi il semble être devenu le rendez-vous de tous les infortunés qui n'attendent plus que de Dieu le remède à leurs maux désespérés. C'est que, du fond de cette tombe glorieuse, jaillit, comme d'une source salutaire, la consolation et la vie ; c'est que l'esprit de M. Vianney a survécu aux ruines de sa mortalité, et continue, aujourd'hui encore, à répandre autour de lui la lumière et les bienfaits.

« C'est une chose prodigieuse et qui doit faire réfléchir, a dit l'éminent auteur de la journée du 4 août 1865, que cette seconde existence d'un homme qui se survit à lui-même, cette sorte de vie dans la mort... On assiste à Ars à une véritable résurrection ; c'est le commentaire

de la parole évangélique : « Qui perd sa vie la trouve. »
Car ce qu'il y eut d'éminent et de caractéristique dans le
Curé d'Ars, c'est qu'il prit la croix dès sa jeunesse, c'est
qu'il embrassa résolûment et de franc cœur la doctrine du
sacrifice, qu'il y persévéra toute sa vie, et que, renonçant
d'une manière absolue à l'égoïsme et à la peur, il marcha
hardiment sur la mort, la foulant aux pieds en tout temps,
et allant chaque jour *jusqu'au bout de lui-même*, jusqu'à
l'extrême limite de ses forces. Cette parole de saint Paul :
« *Quotidie morior*, je meurs chaque jour, » le Curé d'Ars
l'a pratiquée pendant un demi-siècle, sans s'arrêter jamais, touchant sans cesse à la mort, mais renaissant sans
cesse, en quelque sorte, d'une vie surnaturelle, transfi-
gurée, active et ardente comme la flamme, par la force
du Saint-Esprit dans l'âme, et par la force de l'âme et de
Dieu dans le corps. C'est ainsi qu'il a conquis la vie d'âme
et de corps, et qu'il a eu le pouvoir de la transmettre,
se donnant à la foule comme une Eucharistie, consolant,
transformant, purifiant les âmes et guérissant les corps
par milliers. »

UN SUPPLÉMENT AU *TOMBEAU GLORIEUX*

Deux guérisons récentes opérées sur le tombeau du Serviteur de Dieu. — Détails précis et circonstanciés d'un témoin oculaire. — Émotion produite par ces prodiges merveilleux. — Leçons qui sont renfermées dans ces miracles.

L'impression du *Tombeau glorieux* touchait à sa fin, lorsque la renommée de deux miracles opérés par le vénéré Serviteur de Dieu, J.-M.-B. Vianney, Curé d'Ars, parvint jusqu'à nous. Notre désir était d'être en mesure de publier un récit exact et authentique de ces faits. C'est ce que nous sommes heureux de faire en mettant sous les yeux des lecteurs une relation véridique, faite par un témoin oculaire et bien renseigné sur les détails intimes qu'elle nous fait connaître.

Le samedi 7 octobre, Mme Lavigne, née Constance Jacquet, vint à Ars. Cette dame habitait Chalon-sur-Saône, et était âgée de trente-trois ans. Depuis quatre ans environ elle était malade, et depuis onze mois elle ne quittait plus le lit, par suite d'une névrose des fonctions digestives et d'une chloro-anémie avancée. Quoique mère de huit enfants, elle était d'une constitution faible et débile; dès son enfance, Mme Lavigne avait souffert. Épuisée de force, il semblait que la vie ne pourrait jamais se ranimer en elle.

Son état d'anémie n'avait cédé à aucun traitement. Elle passait par une suite de spasmes et d'évanouissements. Parfois même le froid de la mort la saisissait, jusqu'à faire craindre de la voir mourir. Dans une de ses crises elle reçut les Sacrements.

Une de ses amies, Mme Raymond Corcevay, peinée de cette triste situation, demanda un jour au médecin ce qu'il pensait de la malade. « Après tout, laissons donc la mourir tranquillement, » dit le docteur. A ces mots la pensée vint à cette dame de conduire son amie à Ars. Mille difficultés et mille obstacles s'opposaient à ce voyage, mais à l'aide de la prière on obtint de faire agréer le pieux projet à M. Lavigne.

Le voyage n'eut lieu qu'au prix de grandes souffrances. Mme Lavigne ne le supporta que couchée dans le wagon et la voiture. Arrivée à Ars, eut lieu un spasme nerveux qui dura pendant trois heures, sans doute par suite des fatigues de la route. La bonne effrayée accourt vers Mme Raymond qui répond : « Tant mieux, ma petite, c'est qu'elle va guérir. »

Le dimanche 8 octobre, vers sept heures, un homme de l'hôtel porte la malade sur le tombeau du Serviteur de Dieu; elle entend la sainte Messe et reçoit la sainte Communion. Mais elle est dans une telle situation d'esprit que la prière même mentale ne lui est pas possible.

On la presse de demander sa guérison, elle fait un léger signe affirmatif, mais dans son intérieur son âme entrevoit les pures délices d'une vie meilleure. La maladie l'a conduite aux portes des joies éternelles, elle ne goûte plus les choses de la terre. Voici ce qui a été appris dans les épanchements intimes qu'elle a faits à la personne qui nous a transmis les documents dont nous faisons ici usage.

« Hélas! disais-je, mon Dieu, je sais bien que vous
» pouvez me guérir; je ne doute pas de votre puissance,
» mais n'avons-nous pas les preuves presque évidentes
» que vous ne le voulez pas? Et ce désir qui me presse
» d'aborder la patrie, n'est-il pas le sentiment du ma-
» rin qui aperçoit le rivage. Guérir... Non; ce serait
» pour moi le chagrin de ce même marin qui au mo-
» ment de jeter l'ancre se voit refoulé en pleine mer par
» des vents contraires. »

« Pour vos enfants, lui soufflait-on, demandez au saint
» Curé d'Ars votre guérison. » « Mes enfants? Ah! du haut
» du Ciel ne serais-je pas plus puissante pour veiller sur
» eux? Puis la vie est trop triste, trop amère; même dans
» le bien que l'on fait, on rencontre à chaque pas des
» contradictions. Oh! non, non, Dieu et le Ciel; je ne
» veux plus de la terre, jamais je n'y ai trouvé une bonne
» place. Je suis trop heureuse de voir arriver pour moi
» le moment de la transformation, celui où mon âme,
» semblable à la chrysalide, va quitter sa grossière en-
» veloppe, pour prendre des ailes et s'envoler vers son
» Père céleste. »

Après cette station la malade fut reportée à l'hôtel. La pieuse personne qui nous a envoyé la relation de ce prodige l'aperçut dans son fauteuil; elle était évanouie, la

tête penchée, les bras pendants. C'était une pitié de la
voir. Dans sa foi vacillante elle se disait à elle-même: En
vérité, il y a des gens qui sont fous avec leur confiance,
on aurait mieux fait de laisser mourir chez elle cette pauvre jeune femme, que de l'amener ici pour hâter sa fin.
Elle n'avait eu jusqu'alors avec elle aucun rapport, ainsi
qu'avec les personnes qui accompagnaient la malade. Leur
conduite n'était à ses yeux qu'une témérité.

Nous allons assister à la seconde station de la malade
sur le tombeau. L'âme seule vit en elle; mais il
est intéressant de transcrire ici l'expression fidèle de ce
sentiment.

« Je veux mourir, lisons-nous dans une lettre, mourir
» pour jouir du repos éternel. Mais le Ciel, c'est la
» victoire, c'est la récompense, et qu'ai-je fait pour la
» mériter? Alors je rougis de ma présomption, et sans
» hésiter, je fis cette ardente prière: Oh! saint Curé d'Ars,
» ô vous qui avez tant aimé les âmes, et qui avez consacré
» votre vie entière à les gagner à Jésus-Christ, je vous
» en supplie, si ma guérison devait en convertir plu-
» sieurs, n'en convertirait-elle même qu'une seule, obte-
» nez-la-moi. »

« Oui, mon Dieu, pour votre gloire. Chacun me voit
» ici dans une position désespérée. Ah! si je me relevais
» guérie. Quelle impression dans tous les cœurs! Guérir,
» mon Dieu. Guérir pour la conversion des pécheurs. »
Mais il n'y a aucune espèce d'amélioration dans l'état
de la malade. Elle est reportée à l'hôtel et elle reste au
lit tout le reste de la journée.

Le lundi matin 9 octobre, vers sept heures, elle est à la messe. La personne qui nous a transmis ces documents la vit dans l'église, mais elle n'était pas encore en relation avec Mme Lavigne. Ce n'est que plus tard qu'elle a pu connaître par des confidences intimes les détails si édifiants qu'elle nous a fait connaître.

La sainte Communion est apportée à la malade ; mais celle-ci ne put consommer les saintes espèces qu'avec une extrême difficulté et au bout de dix minutes environ, à cause de la sécheresse excessive de sa bouche ; les lèvres sont froides et raides, ainsi que cela lui arrivait de temps à autre.

En ce moment solennel Mme Lavigne supplie encore le saint Curé d'Ars de lui dire, comme autrefois le Sauveur au paralytique : « Lève-toi, et marche. » Elle prête l'oreille, mais n'entend rien.

A cette troisième station elle est dans la même souffrance qu'auparavant ; il n'y a point de changement dans son état. Quelle déception pour son mari, pour ses enfants et pour tous, de la voir revenir dans une situation peut-être pire que celle où elle était !

Il faut se résigner à la sainte volonté de Dieu. La malade sourit déjà aux splendeurs de l'éternelle lumière. Cette âme s'abandonne au bon plaisir de Celui qui d'un seul acte de sa volonté peut à son gré donner la vie ou la mort. Mme Lavigne fait appeler un Missionnaire, afin de confier qu'elle éprouve de nouveau des répugnances à demander sa guérison.

D'un autre côté elle est toute meurtrie d'être ainsi

portée sur le tombeau. Elle ne veut plus y revenir. Le
R. Père B. l'encourage et l'invite à ne pas tenir compte
de ces répugnances, et à se laisser apporter encore une
fois.

A l'heure de midi et demi, la personne qui nous a
transmis ces documents prie sur le tombeau. Elle voit
arriver Mme Lavigne, qui n'était pas portée par un homme,
mais par sa bonne et une autre dame dont nous allons
raconter aussi la guérison. Mme Gimaud, de Romanèche,
n'a pas l'air d'être malade à l'extérieur, mais elle est
atteinte depuis un an d'une tumeur cancéreuse. Elle ne
peut faire usage que de son bras droit ; mais à la vue de
Mme Lavigne son cœur est déchiré et elle offre de l'assister, malgré les douleurs qu'elle va endurer.

Nous verrons combien Dieu se complaît à récompenser
la charité pieuse et héroïque, en lui accordant à elle-
même la guérison de son mal réputé incurable aux yeux
de la science médicale.

Mme Lavigne est sur le tombeau du saint Curé
d'Ars ; nous allons voir ici ce que peuvent ceux que Dieu
a admis au sein de sa gloire et qu'il veut glorifier ici-bas.
Il y a autour de la malade une quarantaine de personnes, —
il importe de remarquer cette circonstance, — toutes priant
avec elle, le ciel souffre violence, la toute-puissance
divine va éclater.

Pendant trois quarts d'heure rien n'est survenu. Toute
l'assistance est dans le silence, la malade est assise sur
un fauteuil placé sur la pierre du tombeau. Mme Lavigne
prie encore un Missionnaire de s'approcher ; elle lui

avoue qu'elle éprouve encore une étrange répulsion intérieure à demander sa guérison. Le pieux Missionnaire
l'engage à ne point raisonner avec elle-même et à demander simplement sa guérison. La dernière ruse de l'enfer
a été vaincue par le ministère du prêtre; il ne reste plus
qu'à voir l'œuvre de Dieu qui va s'opérer.

Par une inspiration d'en haut la malade est couchée
sur la pierre froide du tombeau ; un simple oreiller sou-
tient sa tête. Les assistants semblent présents à un spectacle de mort. Mme Lavigne paraît s'éteindre ; ses yeux se
creusent, ses joues s'allongent, le nez se pince, les lèvres
livides laissent entrevoir de plus en plus les dents. Il n'y
a pas un mouvement, ni un souffle de vie. Les mouches
seules viennent couvrir le visage, sans que rien paraisse
indiquer une souffrance.

Nul ne saurait dire si elle est morte. Elle reste ainsi
pendant dix minutes sans une apparence de vie. Va-t-
elle ressusciter ? Oh ! Dieu soit béni. Tout à coup, elle
sourit, elle se lève subitement, et s'élance comme une
flèche, ou, selon la belle expression d'un jeune homme
témoin du prodige, avec la rapidité de l'oiseau qui prend
son vol.

Mme Lavigne marche d'un pas ferme vers l'autel : dans
sa vive reconnaissance elle en gravit les degrés et elle ne
s'arrête que pour se prosterner, en s'appuyant contre la
table même de l'autel. Gloire à Dieu ! la malade adore
pour ainsi dire dans l'extase Celui qui a daigné la guérir.

Il serait difficile de peindre l'émotion qui s'empara de
tous les assistants à la vue du miracle opéré ; on crie, on

pleure, on prie; c'est l'étincelle électrique divine qui parcourt cette pieuse assemblée. Les uns se précipitent vers le tombeau, en le couvrant de baisers : au milieu des élans de la reconnaissance il y a, pour ainsi dire, un saint tumulte.

Le respect dû au lieu saint n'a pu dominer l'expansion de la joie qui est dans les cœurs. Chacun s'écrie tout haut : « Merci, merci, mon Dieu, tout pour vous ; merci d'avoir glorifié votre saint; merci de nous avoir rendu les témoins d'une pareille faveur. »

Il y avait une personne à genoux sur le tombeau du Serviteur de Dieu, avec les mains élevées vers le ciel. « Merci, mon Dieu, disait-elle, en sanglotant, vous avez rendu une mère à ses enfants. »

Mme Raymond s'approche d'elle, et lui dit: « Allez, vous aussi, vous êtes guérie. » C'est Mme Gimaud, qui a porté la malade. En effet, la tumeur cancéreuse a disparu, toute douleur a cessé, et sous la pression qu'elle exerce sur elle pour s'assurer du fait, elle n'éprouve aucune souffrance.

Étonnée et confondue, Mme Gimaud s'écrie : « Moi » aussi, je suis guérie, merci, mon Dieu, merci. » Sa surprise est d'autant plus grande, qu'elle n'a pas pensé à demander directement la guérison, occupée qu'elle était de Mme Lavigne et des intentions qu'elle avait en vue.

La bonne de Mme Lavigne s'écriait de son côté dans l'enthousiasme de la reconnaissance : « Pardon, mon » Dieu, d'avoir douté. Elle est guérie. Est-ce possible ?

» Je ne méritais pas de le voir. O mon Dieu, comment
» ai-je douté de vous ? »

Mme Lavigne est toujours auprès du tabernacle, d'où
elle ne peut s'arracher. « Que de fois, dans ma vie, dit-
» elle, j'ai envié le privilége du Prêtre qui peut aborder
» jusque-là. Cette grâce, ô mon Dieu, vous me le réser-
» viez dans cette église où votre Serviteur a passé les
» jours de sa vie dans une extase d'amour. »

Enfin elle revint d'un pas ferme à l'autel de la sainte
Vierge où elle pria à genoux. De là, elle retourna sur le
tombeau pour rendre grâce à Dieu de la faveur reçue. A
la sortie de l'église, elle visita la chambre du saint Curé ;
la rumeur avait attiré les habitants, le village entier était
sur pied pour lui faire escorte. Rentrée à l'hôtel, elle
mangea avec appétit.

Le procès-verbal de tous les faits a été fait. Depuis la
guérison jusqu'à ce jour Mme Lavigne continua à jouir
d'une bonne santé.

Quant à Mme Gimaud, elle était arrivée à Ars le 8 octobre, et par une disposition providentielle, elle était descendue dans le même hôtel que Mme Lavigne. Elle était
atteinte d'une tumeur volumineuse qui suppurait : du
sein gauche, cette tumeur s'étendait par derrière le bras,
au point que le bras était paralysé.

Trois médecins avaient donné en vain des soins à la
malade. Il y a dans le procès-verbal tous les certificats
constatant les faits. Nous avons vu comment même au
moment où Mme Lavigne était guérie, Mme Gimaud était
guérie aussi. Elle priait pour diverses intentions, et Dieu

récompensa sa charité par le prodige de la guérison de son mal.

Ici les réflexions se pressent sous notre plume. Il y a dans ces deux faits les enseignements propres à guérir la société de tous les maux de l'âme et du corps dont nous sommes atteints. Il faut approfondir cette question ; nous la traiterons à loisir, en abordant le beau sujet de la divine Réparation pour la guérison de tous nos maux et la régénération des âmes, et, disons-le aussi, des corps.

ÉPILOGUE

Nous avons mis sous les yeux des pieux lecteurs les récits édifiants qui glorifient la mémoire du vénéré Curé d'Ars ; le nom de ce Serviteur.de Dieu est à jamais immortel. La postérité connaîtra Jean - Baptiste - Marie Vianney, et le bénira comme un bienfaiteur dans un temps où tous les grands hommes qui vivent, seront tombés dans l'oubli. C'est que l'Église seule a le privilége d'assurer l'immortalité à ceux qu'elle honore ; le souvenir des méchants périt ici-bas, celui des Saints grandit et se répand jusqu'aux extrémités de la terre.

Mais nous n'aurions été fidèles qu'à une partie de notre tâche, si, après avoir célébré la gloire du tombeau du vénéré Curé d'Ars, nous ne disions pas à quelle condition ce grand athlète du Christ a su parvenir à ce but et à ce grand triomphe. C'est par la croix que l'homme peut atteindre à cette immortelle destinée ; il faut aimer le sacrifice, s'immoler soi-même chaque jour et à tous les instants, se renoncer, et fidèle à la grâce, ne vivre que de la vie de l'esprit de Dieu qui est en nous.

L'épreuve, la tribulation, la croix sont les instruments

par lesquels Dieu opère notre régénération et notre transformation. Les souffrances volontairement embrassées ou
endurées ont une vertu efficace qui laisse à l'action de la
grâce toute facilité pour nous assujettir à Dieu et nous
faire vivre de sa vie.

Le spectacle le plus beau que les élus pourront contempler dans le ciel sera de voir et de pénétrer les voies
admirables par lesquelles Dieu aura accompli la sanctification de ses élus. Quelle merveille ravissante d'étudier dans les clartés de la lumière incréée tout ce que
la grâce aura opéré dans les Saints pour les rendre
dignes de la couronne éternelle dont ils seront en possession !

Tous les Saints sur la terre ont béni les épreuves que
la divine Providence a semées dans les sentiers de leur
vie ; toute souffrance est toujours dans les vues de Dieu
une grande bénédiction. Pour nous, à qui Dieu a réservé
de passer par les eaux des grandes tribulations, nous ai-
mons à reconnaître que c'est par là qu'il nous a été donné
de recevoir les grâces les plus précieuses.

Après avoir vu ce que Dieu fait par les Saints dans
cet ouvrage, nous voudrions que le pieux lecteur comprît
que le moyen efficace de participer aux grandes bénédictions, c'est d'entrer généreusement dans la voie du sacrifice, de l'immolation, du renoncement, de l'abandon à
Dieu par les mains de Marie, sous la protection de saint
Joseph. Le signe des Saints c'est d'être livrés aux épreuves,
aux souffrances, au crucifiement de la douleur, aux mépris et à l'ignominie devant les hommes. Ceux qui portent

au front ce caractère, sont aimés des Anges et bénis de Dieu.

Nous demandons à ceux qui daigneront lire ces pages de vouloir prier pour nous ; unis sous la protection des Saints, nous nous connaîtrons dans le sein de Dieu, dans les splendeurs de l'éternelle patrie !

FIN

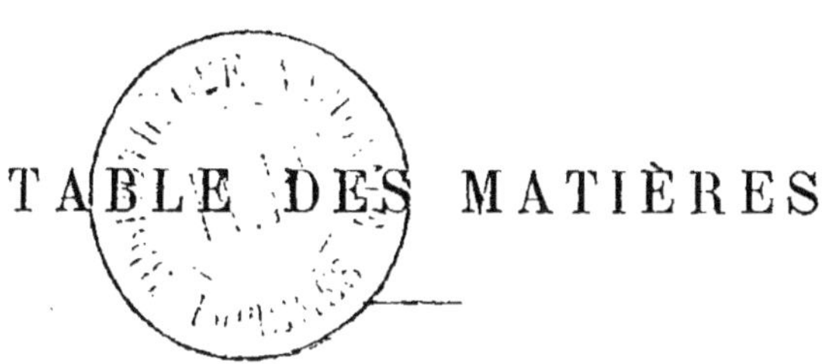

TABLE DES MATIÈRES

Imprimerie L. Toinon et Cie, à Saint-Germain.

ANNALES

DE LA

SAINTETÉ AU XIXᵉ SIÈCLE

HONORÉES D'UN BREF LAUDATIF DE S. S. LE PAPE PIE IX

BIOGRAPHIES COMPLÈTES DES SAINTS, DES BIENHEUREUX
ET DES VÉNÉRABLES QUI ONT VÉCU ET SONT MORTS DANS NOTRE SIÈCLE

D'après les Actes des Procès apostoliques pour la Béatification

ET UNE CHRONIQUE DES LIVRES
ET DES FAITS RELATIFS A LA SAINTETÉ

Paraissant le 1ᵉʳ de chaque mois par livraisons de cinq
feuilles contenant la matière d'un volume in-8º ordinaire,
et formant chaque année deux beaux volumes in-8º, avec
le portrait gravé sur acier de chaque saint personnage
dont la vie paraît dans les Annales.

PAR UNE

SOCIÉTÉ D'ECCLÉSIASTIQUES ET DE RELIGIEUX

Prix de l'abonnement : 10 francs par an.

On s'abonne au bureau des ANNALES, 19, rue de Sèvres, à Paris.

La première année 1869. Deux beaux volumes in-8º, avec le
portrait gravé de chaque saint, est en vente. Prix séparément.. 10 fr.
De même l'année 1870-1871, qui forme aussi deux beaux volumes in-8º. Prix séparément...................... 10 fr.
L'abonnement pour l'année 1872 commencera au 1ᵉʳ janvier. Prix.................................... 10 fr.

Les personnes qui font partie de l'Association de M. Wattelier,
rue de Sèvres, 19, chez qui se trouvent les bureaux des *Annales
de la Sainteté au XIXᵉ siècle*, ont droit à une réduction sur le prix
d'abonnement.

Ceux qui enverront un mandat de poste de 22 francs, à l'adresse du Rédacteur en chef des *Annales de la Sainteté au XIXe siècle*, Paris, rue de Vaugirard, 77, auront droit à un abonnement pour l'année 1872, en même temps ils recevront courrier par courrier et *franco* les quatre beaux volumes in-8° des deux années déjà publiées 1869 et 1870-1871.

Nous recommandons pour la propagande des bons livres et pour les bibliothèques des paroisses, la collection des Vies des Saints extraites des *Annales de la Sainteté* et publiées en volumes séparés.

Nous ferons des remises très-fortes à ceux qui s'adresseront à nous dans ce but.

Nous donnons ici la traduction du Bref de S. S. le Pape Pie IX.

PIE IX, PAPE.

Chers Fils, Salut et Bénédiction Apostolique.

Tandis que l'art de la typographie est mis en œuvre de toute part, pour disséminer la corruption et l'impiété, ceux-là acquièrent assurément pour eux-mêmes des mérites précieux et ont droit à la louange, qui s'appliquent à opposer, à ces écrits de perdition, des travaux pieux et d'une saine doctrine, afin que les âmes goûtent l'antidote par le même moyen où elles ont puisé le poison.

Mais comme les exemples ont coutume de faire sur les lecteurs une impression plus forte que les raisons, en plaçant en quelque sorte les choses elles-mêmes sous les yeux, il est tout à fait opportun et extrêmement utile de faire connaître aux fidèles les actions des héros chrétiens qui, selon leurs conditions diverses et leur variété d'esprit, montrent en eux-mêmes, appropriée à l'imitation de tous, une règle vivante et sûre pour croire et pour agir, et par leur magnanimité et leur charité entraînent ceux qui les contemplent à marcher dans les mêmes voies.

C'est pourquoi Nous jugeons digne de toute recommandation votre dessein de publier les Vies des Servi-teurs de Dieu qui ont fleuri dans notre siècle, et cela d'autant plus que les faits plus récents, connus par un grand nombre de nos contemporains, présentent en eux-mêmes une efficacité et un charme particuliers. C'est aussi une consolation tout à fait douce, au milieu d'une si grande décadence de la foi, de contempler une vertu et une piété parfaites. De même votre résolution de puiser vos documents dans les procès judiciaires de béatification, atteste que vous ne publierez rien qui ne soit certain et pleinement conforme à la vérité.

Nous vous adressons donc des félicitations et nous accueillons avec plaisir le troisième volume de votre Œuvre, auquel, ainsi qu'aux volumes qui ont précédé et à ceux qui suivront, Nous présageons les fruits les plus abondants. Comme gage de la faveur divine et en témoignage de notre gratitude et de Notre paternelle bienveillance, Nous vous donnons très-affectueusement la Bénédiction Apostolique.

Donné à Rome, près Saint-Pierre, le 11 août 1870.

L'an vingt-cinquième de Notre Pontificat.

PIE IX, PAPE.

MANUEL DES INDULGENCES AUTHENTIQUES, à l'usag Prêtres, des Religieux, des Fidèles et des Membres des princi Confréries; ou Recueil de prières et de pratiques enrichi précieuses Indulgences; ouvrage approuvé par un Décret s de la S. C. des Indulgences; 2e édition conforme à la pre imprimée à Rome sous les yeux et avec l'approbation de la sure romaine, augmentée d'une méthode pour rendre fa sanctification des jours et des mois de l'année. Un fort v in-12, contenant trois belles gravures sur acier. Prix :

Les Indulgences sont un précieux trésor que le Vicaire de Jésus-C reçu le pouvoir de dispenser aux enfants de la sainte Eglise. Le dev Prêtres, des Religieux et Religieuses, et des Fidèles sans distinction d'â sexe et de condition, est de s'appliquer à s'enrichir de ces biens inestin Mais il faut bien faire attention de ne s'attacher qu'aux Indulgence l'authenticité est certaine. Or, un décret de la S. C. des Indulgences décembre 1857, approuvé par Pie IX le 22 janvier 1858, défend de p tout nouveau recueil d'Indulgences qu'elle n'a pas expressément app

VIE DU SERVITEUR DE DIEU FRÈRE ÉGIDIO DE SAINT-JOS Religieux franciscain de la Réforme de Saint-Pierre d'Alca 1 vol. in-18 jésus. Prix :

VIE DE SŒUR VÉRONIQUE DE NOTRE-DAME DES SEPT-LEURS, Religieuse du Tiers-Ordre régulier de Saint-Fra avec l'admirable prière la *Protesta*, pour obtenir une bonne que lui enseigna la sainte Vierge dans une célèbre appar 1 vol. in-18 jésus. Prix :

VIES de Rite Simonetti, Vierge Romaine vivant dans le mon de *Nunzio Sulprizio*, jeune artisan de Naples. 1 vol. in-12.

VIE DE SAINTE MARGUERITE DE CORTONE, du Tiers-Ord Saint-François, d'après les actes de sa Canonisation, par le Marchèse, Prêtre de l'Oratoire de Rome, traduite de l'ital augmentée, à la fin de chaque chapitre, de *Réflexions* très- aux Prêtres chargés de la direction des âmes et aux pers pieuses qui désirent faire des Progrès dans les voies de la p tion. Deuxième édition. 1 fort vol. in-8. Prix :

LE GLORIEUX PATRIARCHE SAINT-JOSEPH devant les Pèr Vatican. Opuscule in-8. Prix : 0

SIGNIFICATION DES SYMBOLES constatés à Pontmain dans parition de la très-sainte Vierge. Opuscule in-8. Prix : 0

LA TRÈS-SAINTE VIERGE, Fondatrice en Jésus-Christ de la S Eglise, par S. G. Mgr Pellei; 1 vol. in-8. Prix :

VIE DE LA SERVANTE DE DIEU ÉLISABETH CANORI M 1 vol. in-18 jésus. Prix : 1

VIE DE LA VÉNÉRABLE MARIE-CHRISTINE DE SAVOIE, des Deux-Siciles. 1 vol. in-18 jésus. Prix : 1

LE TOMBEAU GLORIEUX du Curé d'Ars. 1 vol. in-18 Prix : 1

Imprimerie L. Toinon et Cie, à Saint-Germain.

BIBLIOTHÈQUE NATIONALE R.F. IMPRIMÉS

ANNALES

DE LA

SAINTETÉ AU XIXE SIÈCLE

Honorées d'un Bref laudatif de S. S. le Pape Pie IX

BIOGRAPHIES COMPLÈTES DES SAINTS

DES BIENHEUREUX ET DES VÉNÉRABLES QUI ONT VÉCU

ET SONT MORTS DANS NOTRE SIÈCLE

D'APRÈS LES ACTES DES PROCÈS APOSTOLIQUES POUR LA BÉATIFICATION

ET UNE CHRONIQUE DES LIVRES
ET DES FAITS RELATIFS A LA SAINTETÉ

Paraissant chaque mois par livraisons de cinq feuilles con
tenant la matière d'un volume in-8º ordinaire, et forman
chaque année deux beaux volumes in-8º,

PAR

UNE SOCIÉTÉ D'ECCLÉSIASTIQUES ET DE RELIGIEUX

Les *Annales de la Sainteté* commencent au 1er janvier 1872
la 3e année de leur publication

———

Ceux qui enverront un mandat de poste à l'adresse
du Rédacteur en chef des *Annales de la Sainteté au*
XIXe siècle, rue de Vaugirard, 77, de 22 francs, auront
droit à un abonnement pour l'année 1872. En même
temps ils recevront courrier par courrier et *franco*
les quatre beaux volumes in-8º des deux années déjà
publiées.

Nous rappelons que Sa Sainteté a daigné louer
l'OEuvre des *Annales de la Sainteté au XIXe siècle*, par un
Bref en date du 11 août 1870, adressé aux Rédacteurs-
Fondateurs de ce recueil.

———

Imp. L. Toinon et Cie, à Saint-Germain.

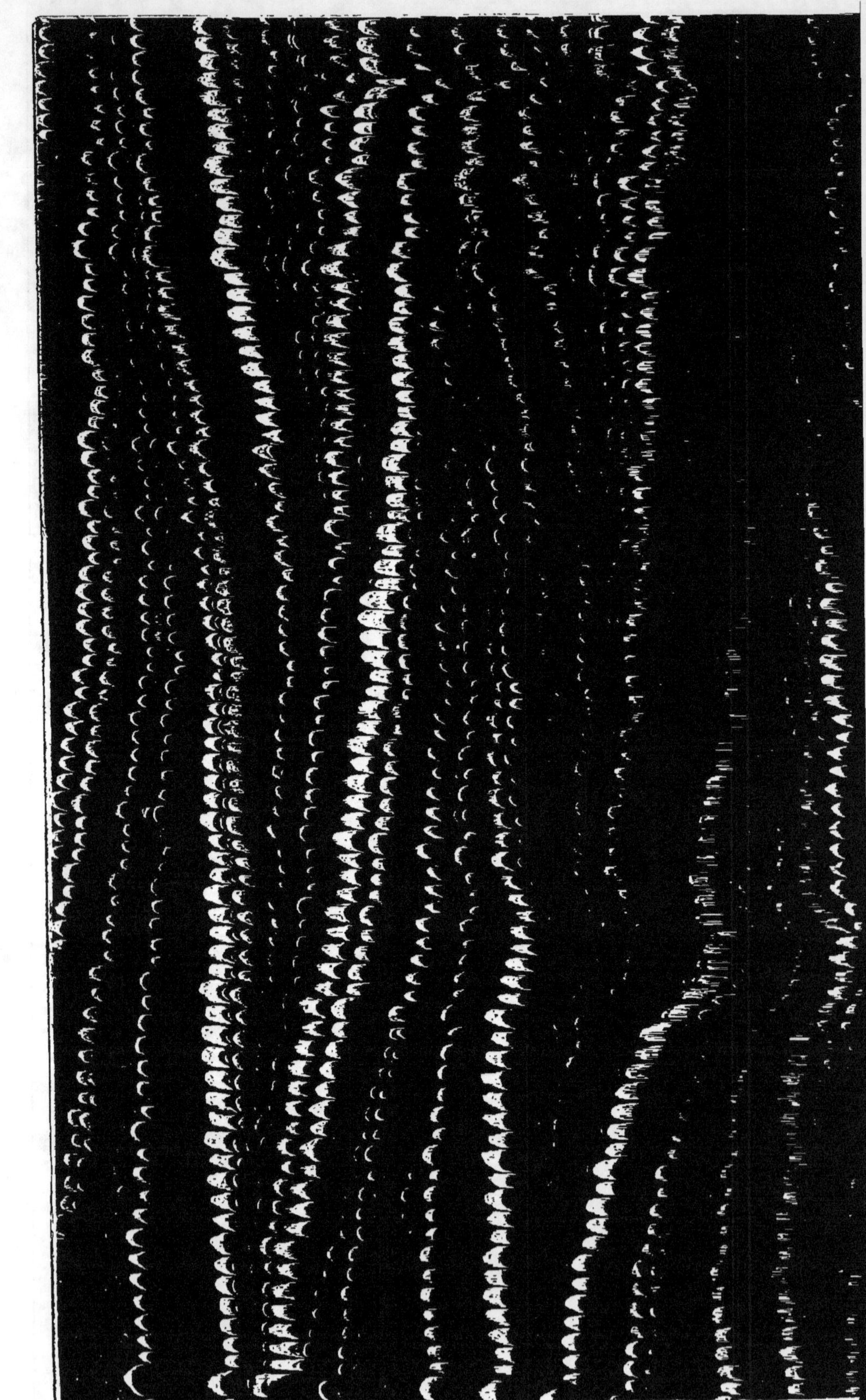

BIBLIOTHEQUE NATIONALE DE FRANCE
3 7502 008112825

www.ingramcontent.com/pod-product-compliance
Lightning Source LLC
Chambersburg PA
CBHW071612030726

47598CB00001B/247